W0065805

Eine Bierleiche zum Dessert

14 Kriminalgeschichten rund um den Gerstensaft

ars vivendi

Originalausgabe

Erste Auflage April 2016
© 2016 by ars vivendi verlag
GmbH & Co. KG, Bauhof 1,
90556 Cadolzburg
Alle Rechte vorbehalten
www.arsvivendi.com
Lektorat: Stephan Naguschewski

Umschlaggestaltung: FYFF, Nürnberg
Motivauswahl: ars vivendi
Coverfoto: © plainpicture/Johner
Rückseitenfoto: © ginger/photocase.de
Druck: CPI Ebner & Spiegel, Ulm

Printed in Germany

ISBN 978-3-86913-627-1

Inhalt

Lucas Bahl

Das Bier, das Blut und das Böse

I. Das Bier

Weihnachten 1924 sollte für die Schutzpolizei der Kreisstadt Münsterberg, heute Ziębice in Polen, zu einem Fest werden, das den Beamten den Appetit verdarb. Falls Sie, verehrte Leserin, geehrter Leser, einen nervösen Magen haben, kann ich Ihnen nur empfehlen, die Lektüre an dieser Stelle abzubrechen.

Ich will keine Verantwortung übernehmen, wenn Ihnen schlecht wird, Sie auf die Auslegware oder wohin auch immer speien und Sie Ihre Kleidung in die Reinigung bringen müssen. Ich übernehme keine Haftung, weil ich im Folgenden nichts abmildern oder verschweigen werde. Das, was ich schildere, beruht auf Tatsachen. Nebensächliches mag erfunden sein, das Wesentliche aber hat sich so zugetragen, wie es hier zu lesen ist. Weder die Namen der Opfer habe ich verändert, noch den des Täters, das heißt, Sie können den Wahrheitsgehalt jederzeit überprüfen. Für diesen Fall gestatten Sie mir den Hinweis, dass ich mich auf historisches Material stütze. Einige kleinere Abweichungen, wie sie Ihnen in naheliegenden Quellen, etwa Wikipedia, auffallen werden, dürften damit zu tun haben, dass Autoren gerne voneinander abschreiben, und zwar mitsamt den Fehlern und Ungenauigkeiten, die sich bereits eingeschlichen haben.

Ich erzähle Ihnen diese Geschichte aber nicht, um Sie zu schockieren oder weil sie als Parabel auf die Bösartigkeit der

Menschen taugt, sondern weil wir an ihr die Ambivalenz unserer eigenen Hilflosigkeit angesichts kaum beschreibbarer Gräueltaten erfahren können. Ich meine, dass wir uns nicht nur verdammt schwertun, das Geschehene zu begreifen, sondern auch immer wieder vor der Einsicht zurückschrecken, wie gut sich das »Böse« in unserer unmittelbaren Umgebung zu tarnen vermag und wie dünn andererseits der Firnis zivilisierten Verhaltens ist, der uns von der Amoralität schlimmster Verbrechen zurückhält. Mit anderen Worten: wie leicht der schmale Graben, der das Gute vom Bösen trennt, zu überwinden ist.

Sie sind noch dabei? Gut, dann weiter im Text, auf Ihre Gefahr!

Es begann am frühen Morgen mit dem unschönen Anblick von »Vatter Denke«, der tot in der Arrestzelle lag. Jeder in Münsterberg nannte Karl Denke so, und die Tatsache, dass man eine respektable Person wie ihn tags zuvor in Schutzhaft genommen hatte, sorgte für Proteste und Gesprächsstoff in der Kleinstadt, die einst Friedrich II. von Preußen nach dem Siebenjährigen Krieg zur Garnisonsstadt gemacht hatte. Vatter Denkes Tod wurde trotz der merkwürdigen Lage der Leiche als Selbstmord erklärt. Um seinen Hals war ein Taschentuch geschlungen, das in zwei Teile zerrissen zu einer Schlinge zusammengeknotet worden war. Das Tuch wiederum war an einem eisernen Ring befestigt, der sich an der Wand befand und eigentlich dazu diente, renitente Gefangene anzuketten. Der gewichtige, ältere Mann musste sich also – nimmt man Selbstmord an – selbst zu Tode stranguliert haben.

Wenige Tage vor den Weihnachtsfeiertagen des Jahres 1924 rannte der Landstreicher Vinzenz Olivier, heftig aus einer Kopfwunde blutend, laut schreiend aus dem Haus in der Teichstraße Nr. 10. Aufgeschreckte Anwohner versuchten, ihn zu beruhigen. Schließlich brachten sie ihn zur Polizeiwache. Schon auf dem Weg dorthin erhob er schwere Anschuldigungen gegen Vatter Denke.

Kennengelernt hatten sich die beiden am Vormittag desselben Tages in der Schankstube der *Herberge zur Heimat*, in der Olivier übernachtet hatte. Denke lud ihn zu einem Bier ein, was er gerne annahm, schließlich war er völlig abgebrannt. Normalerweise wurde in der *Herberge zur Heimat* das sogenannte Einfachbier der Kirchner-Stadtbrauerei ausgeschenkt, doch einmal in der Woche trafen auch ein paar Fässer Export ein, und zwar aus einer der ältesten Brauereien weit und breit, und so ließen sie sich das Bier mit dem schönen Namen »Zum großen Meerschiff« munden, das seit 1635 von der Brauerei Erich Vogel im sechzig Kilometer entfernten Breslau gebraut wurde.

Vinzenz Olivier erzählte Denke, dass er vorhabe, Münsterberg noch an diesem Tag wieder zu verlassen. Vatter Denke bestellte ein weiteres Bier für den jungen Mann. Dann verriet er ihm, dass es ringsum einige wohltätige Familien gebe, bei denen Olivier sein Glück versuchen und milde Gaben erbitten könne, und Denke nannte sogar einige Namen. So kam Olivier etwa eine Stunde später auch zu jenem Gebäude, wo Denke selbst wohnte: zu der Teichstraße Nr. 10. Tatsächlich hatten ihm hier und da einige Leute ein paar Groschen gegeben, und Denke sagte ihm, er könne ihm ebenfalls zwanzig Pfennig mit auf den Weg geben und einen weiteren Schluck Bier aus der Kanne, die er sich zuvor in der Schankstube hatte füllen lassen und mit nach Hause genommen hatte. Doch er, Vinzenz, man war jetzt beim »Du«, müsse ihm dafür einen Gefallen tun, nämlich einen Brief schreiben, er selber tue sich mit dem Schreiben schwer.

So betraten sie Denkes Wohnung im Erdgeschoss des Hauses, das Glas wurde wie versprochen gefüllt, Papier und Bleistift lagen bereit. Olivier beugte sich über das Blatt, und Denke hinter ihm begann zu diktieren: »Adolf, du dicker Wanst ...«

Unwillkürlich musste Vinzenz lachen, und das rettete ihm das Leben. Denn während er lachte, bewegte er sich zur Seite, und die Hacke verfehlte ihn um wenige Zentimeter, streifte aber noch seinen Kopf. Er war kurz wie bewusstlos. Allerdings kann diese Benommenheit höchstens eine Sekunde gedauert haben. Als er die Augen wieder öffnete, sah er, dass Denke gerade zum zweiten Schlag ausholte. Olivier umklammerte den Arm des schweren, aber um einiges älteren Mannes. Sie rangen miteinander, schließlich stürzten sie beide zu Boden. Olivier konnte Denke die Hacke entwinden und lief laut schreiend auf die Straße, wo ihm ein Lehrer, der in der Nähe wohnte, die Hacke abnahm.

Sie gingen noch einmal kurz in Denkes Wohnung, da Olivier bei seiner überstürzten Flucht seinen Hut zurückgelassen hatte. Einige Nachbarn nutzten die Chance, einen Blick in die Wohnung im Erdgeschoss zu werfen. Denke bat sonst nie jemanden zu sich herein. Sie sahen, wie Vatter Denke zitternd an der Wand stand, während sein Gesicht knallrot angelaufen war. Mühsam keuchend brach es aus ihm heraus, Vinzenz habe ihn bestehlen wollen. Während des Kampfes war das Glas umgekippt, und das Bier hatte sich über den Tisch verteilt, war quer über das fast leere Blatt gelaufen. Nur die obere Ecke war noch trocken, und dort stand: »Adolf, du ...«

Sonst fiel niemandem etwas Besonderes auf.

Noch am selben Tag wurde der junge Landstreicher dem Amtsrichter vorgeführt, der ihm – ebenso wie die Polizisten auf der Wache – keinen Glauben schenkte. Dennoch beharrte er vehement auf seiner Darstellung, weshalb der Richter anordnete, dass auch Vatter Denke in Schutzhaft zu nehmen sei, bis die Vorwürfe geklärt wären. Vinzenz Olivier wurde wegen Bettelei zu vierzehn Tagen Haft verurteilt. So konnte er Weihnachten und Neujahr zumindest im Trockenen und einigermaßen sicher im Warmen verbringen und bekam wegen der Feiertage auch besseres Essen als die sonst übliche Gefängniskost.

Ein Fehlurteil, geboren aus Vorurteilen. Es gab in diesem Fall jedoch noch einen weiteren Justizirrtum von wesentlich größerer Tragweite, gegen den sich die Strafe, zu der Olivier verdonnert worden war, ausnimmt wie ein laues Lüftchen gegen einen Orkan. Doch dazu später.

Während der Landstreicher noch vor dem Amtsrichter stand, führten Polizisten unter lautstarkem Protest der Nachbarn Karl Denke ab. Das Wort eines ehrbaren Bürgers gegen das eines Herumtreibers! Andere begannen jedoch, der Polizei auch seltsame Dinge über Vatter Denke zu erzählen. Dazu gehörte, dass Denke seit vielen Jahren regelmäßig in der *Herberge zur Heimat* wandernden Gesellen und Handwerksburschen auf der Durchreise ein, zwei Glas Bier spendierte und sie anschließend zu sich nach Hause einlud. Eine Frau behauptete: »Ich sah, wie sie seine Wohnung betraten, aber wie sie herauskamen, sah ich nie.« Denkes Tod brachte schließlich alles ans Tageslicht.

Einige Polizisten gingen zur Wohnung des Toten, um den Nachlass aufzunehmen. Seine Geschwister weigerten sich nämlich, für die Bestattungskosten aufzukommen. Schon seit Jahren pflegten sie keinen Kontakt mehr zu ihrem Bruder. Als die Beamten seine Papiere durchsuchten, stießen sie auf zahlreiche Ausweise, Reisedokumente und

Handwerksbücher – etwa von jenen Menschen, die Denke auf ein Bier eingeladen hatte? In einem Schuppen neben der Wohnung fand ein Polizist etliche Zuber und Töpfe voll mit gepökeltem Fleisch.

II. Das Blut

Auf den Tag genau fünfzehn Jahre, bevor Vinzenz Olivier dem Amtsrichter vorgeführt wurde, am 21. Dezember 1909, verschwand aus dem Flecken Neuhof bei Münsterberg die Arbeiterin Emma Sander, die sich gerade auf dem Weg zu ihrer Arbeit im nahe gelegenen Heinrichau befand.

Kurz vor Weihnachten 1909 wurden dann zwischen Neuhof, Heinrichau und später auch in Münsterberg selbst Teile einer weiblichen Leiche gefunden, von denen sich schließlich herausstellte, dass es sich um die sterblichen Überreste der Vermissten handelte. Zuerst stießen Forstarbeiter in einem Waldstück bei Neuhof auf einen menschlichen Torso, dem Kopf, Arme und die Beine ab den Knien fehlten. Da wusste man noch nicht, dass es sich um Emma Sander handelte. Zwei Tage später fand man in einem anderen Wäldchen einen Kopf, daneben lagen die Arme. Angehörige erkannten sie wieder. Wieder zwei Tage darauf wurden ihre Unterschenkel und Füße in der Nähe des Münsterberger Bahnhofs gefunden.

Schon beim Rumpf war den obduzierenden Ärzten aufgefallen, dass es sich um einen vollkommen blutleeren Körperteil handelte. Das galt auch für alle anderen, später aufgefundenen Leichenteile. Der linke Unterschenkel wies noch eine Besonderheit auf: Über die gesamte Länge des Schienbeins bis hinab zu den Zehen hatte der Täter einen breiten Streifen Haut herausgeschnitten. Neben der ungewöhnlichen blutleeren Blässe fiel bei allen Körperteilen auf, dass die Schnitte sauber und glatt und mit chirurgischer Präzision durchgeführt worden waren. Der Mörder hatte die Arme so sachgemäß aus dem Schultergelenk herausgelöst, dass keiner der Gelenkköpfe beschädigt worden war. Die Gerichtsmediziner erkannten das Werk eines Profis.

Ein Metzgermeister, mit dem sich einer der Ärzte unterhielt, sagte, der Tod der Frau könne durch einen sogenannten Hammelstich herbeigeführt worden sein, mittels dessen sich ein Tier nicht nur vollständig ausbluten lasse, sondern auch dergestalt ausblute, dass weder der Schlachter noch das Fell durch Blut besudelt würden. Je länger die Gerichtsmediziner darüber nachdachten, desto wahrscheinlicher erschien ihnen diese Vorgehensweise des Täters.

Zuvor aber musste der Mörder sein Opfer bis zur Bewusstlosigkeit gewürgt haben, denn neben Strangulationsspuren am Hals waren die beiden Endspitzen des Zungenbeins gebrochen. Die eigentliche Todesursache jedoch musste der Hammelstich gewesen sein. Zu den Merkmalen einer zu Ohnmacht oder Tod führenden Strangulation gehört, dass die Opfer meist die Kontrolle über ihre Schließmuskeln verlieren, was dazu führt, dass sie urinieren und sich einkoten.

Die Schlussfolgerung, zu der die Experten nach der Obduktion kamen, war, dass nur ein geübter Fleischer, Schlachter oder Chirurg die Tat begangen haben könne. Nachdem die Polizei zuerst einige Männer aus der Familie des Opfers verdächtigt hatte, die aber über Alibis verfügten, wurde schließlich Eduard Trautmann aus Neuhof verhaftet. Der Tatverdacht, der letztlich auch zu seiner Verurteilung führte, beruhte auf einer Vielzahl von Indizien. Zeugen sagten aus, er habe Emma Sander einen Heiratsantrag gemacht, sie aber habe ihn abgewiesen. Allgemein galt er bei allen, die ihn kannten, als gewalttätig. Eine andere Zeugin, der Trautmann ebenfalls einen Heiratsantrag gemacht haben soll, erklärte, der Beschuldigte habe ihr gedroht: »Wenn du in der Ehe mit mir zankst, mache ich Presswurst aus dir.« Außerdem soll er hinzugefügt haben, dass er ihr den Kopf abschneiden würde, ginge sie ihm auf die Nerven. Leider wurde die Reaktion des Gerichts auf diese Zeugenaussage nicht protokolliert. Doch ein derartiger »Heiratsantrag« dürfte auch schon zu Beginn des 20. Jahrhunderts für Verwunderung gesorgt haben.

Einem anderen Zeugen zufolge hatte Trautmann angeblich geäußert: »Wenn ich die Sander unter vier Augen treffe, dann schlage ich sie tot.« Tatsächlich belastend war jedoch die Aussage eines Großschlachtmeisters aus Breslau, dass Trautmann im Jahr 1892 für vier Monate als sein Gehilfe in der Schlachterei gearbeitet habe und während dieser Zeit wiederholt der Hammelstich praktiziert worden sei. Allerdings werde er von Schlachter zu Schlachter unterschiedlich ausgeführt. Bei ihm, so der Zeuge, sei das ein seitlicher Stich in die Halsschlagader, also kein Schnitt, es gebe nur die Einstichwunde, der Hals werde nicht ganz durchstoßen.

Ein anderer Fleischer, bei dem Trautmann in den 1890er-Jahren als Gehilfe gearbeitet hatte, schilderte, dass in seiner Schlachterei der Hammelstich genauso durchgeführt werde wie bei Emma Sander. Trautmann war also mit der Methode, mit der sie ermordet worden war, bestens vertraut.

Während des langen Indizienprozesses behauptete er hartnäckig, nicht ihr Mörder zu sein. Er sei zwar ein Schurke und schlechter Mensch, aber er habe sie nicht getötet. Doch die Zeugenaussagen und die Indizien reichten dem Gericht in Glatz, um ihn schließlich im Februar 1911 zu zwölf Jahren Zuchthaus zu verurteilen.

III. Das Böse

Die Ärzte, welche die bei Karl Denke sichergestellten Fleischvorräte zwischen Weihnachten und Silvester 1924 untersuchten, kamen zu dem Schluss, dass es sich dabei um Menschenfleisch handele. Inzwischen fand die Polizei immer mehr Beweise, dass der nach außen zwar verschlossene, aber ehrbare Mann, der sich nur durch seine Marotte hervorgetan hatte, reisenden Burschen gerne mal ein Bier zu spendieren, und sich ansonsten nie in Kneipen oder Gasthäusern herumgetrieben hatte, neben seiner von den Münsterberger Bürgern geachteten Existenz, ein weiteres, ein Schattendasein geführt haben musste.

In einem nicht mehr genutzten Stall fanden die Beamten einen Holzzuber, gefüllt mit eingesalzenen Fleischstücken. Unter ihnen lagen das auf den ersten Blick identifizierbare Stück einer behaarten Männerbrust sowie Teile eines menschlichen Unterleibs. Neben dem Zuber stand ein Fass, das menschliche Fingerglieder, Zehen, Röhren- und Gelenkknochen enthielt. Und dann folgte eine grausige Entdeckung auf die nächste.

Eine Sammlung mit dreihunderteinundfünfzig Zähnen wurde sichergestellt. Ein Emailletopf enthielt ausgelassenes Menschenfett. Hautstreifen waren zu Hosenträgern, Gürteln und Schnüren verarbeitet worden. Die Schnüre, mit denen der Täter die Kleiderbündel seiner Opfer zugebunden hatte, bestanden ebenfalls aus menschlicher Haut. Wie sich herausstellte, trug Denke auch in der Arrestzelle Hosenträger und Schnürsenkel aus Menschenhaut.

Unmittelbar vor der Verhaftung hatte er wohl versucht, Beweisstücke zu vernichten. Die Beamten sahen, dass das Zugloch des Ofens mit frischem Lehm verschmiert war, und öffneten es. Im Ofen selbst befanden sich fünfzehn blutverschmierte und mit Streifen aus Menschenhaut zu Bündeln verschnürte Westen. Schließlich zogen sie noch fünf Notizblätter aus dem Zugloch, auf denen Karl Denke einunddreißig Daten mit Namen aufgelistet hatte.

Viele dieser Namen tauchten auch auf einem anderen Zettel auf, der das »Schlachtgewicht« dieser Menschen verzeichnete. In einer weiteren Statistik ermittelte er die Gewichte der einzelnen abgetrennten Körperteile und das daraus gewonnene Fleisch.

Währenddessen befragte die Polizei die Nachbarschaft. Und auf einmal erinnerten sich die Leute an zum Teil viele Jahre zurückliegende Vorkommnisse. Da war davon die Rede, dass Denke immer wieder eimerweise Blut im Hof ausgeschüttet habe, das dann durch Röhren in seinen Garten geflossen sei. Selbst in der schlimmsten Inflationszeit soll er über große Mengen Fleisch verfügt haben. Sie vermuteten, dass er heimlich Hunde schlachtete, was zwar verboten sei, aber deshalb wäre niemand zur Polizei gegangen. Nächtelang hätten die Anwohner Arbeitsgeräusche aus seiner Wohnung vernommen: sägen und hämmern. Doch sie hatten angenommen, er arbeite an Brotkörben, die er auch auf dem Breslauer Markt verkaufe. In etlichen Nächten soll er sich mit seinem vollbeladenen Handkarren in den Stadtwald geschlichen haben, lange dort geblieben und schließlich mit leerem Karren zurückgekommen sein. Also durchkämmten die Polizisten auch diesen Ort und fanden, verborgen von Gebüsch, Gestrüpp und welken Blättern, zahllose menschliche Knochen.

Die gewaltigen Fleischvorräte, aufbewahrt in den unterschiedlichsten Behältern, entsprachen nicht der Anzahl an Knochen. Vor allem fehlten die Köpfe der Opfer, weshalb sich die genaue Zahl der Ermordeten nicht mehr korrekt ermitteln ließ. Auch die Zahnsammlung konnte darüber letztlich keinen Aufschluss geben.

Ein Knochenhändler kam zur Münsterberger Polizei und erzählte, dass Denke ihm vor vielen Jahren eine Schubkarre voller Knochen angeboten habe. Er habe den Ankauf jedoch abgelehnt, da er in ihnen menschliche Knochen zu erkennen glaubte. Weshalb er nicht bereits damals zur Polizei gegangen war, ist nicht überliefert. Auch nicht, ob er und die vielen anderen Zeugen in irgendeiner Weise zur Verantwortung gezogen wurden, die jetzt – da Denke tot war – plötzlich Aussagen machten und dies nicht schon früher getan hatten. Umgekehrt lässt sich die immerhin denkbare Möglichkeit, dass in der Vergangenheit sehr wohl Aussagen vor der Polizei gemacht worden waren, die dann infolge von Behördenschlendrian oder bewusster Vertuschung unter den Teppich gekehrt worden waren, heute ebenfalls weder bestätigen noch ausschließen.

Denkes Notizen, die ganz nebenbei beweisen, dass der Mann sehr wohl schreiben konnte und sich gegenüber seinen Opfern möglicherweise einfältiger gab, als er war, offenbaren zumindest ansatzweise das Ausmaß seiner Taten.

Bei den einunddreißig dort verzeichneten Personen handelt es sich um vier Frauen und fünfundzwanzig Männer. Zum 9. März 1917 notierte er nur die Abkürzung »A. T.«, während der letzte Eintrag, datiert auf den 17. November 1924, freigeblieben ist. Anscheinend hinkte er mit der Statistik seiner Taten hinterher.

Die Liste beginnt mit dem 21. Februar 1903. Der erste Name, der dort auftaucht, lautet »Ida«. Es könnte sich um die seinerzeit als vermisst gemeldete und später für tot erklärte Ida Glauber handeln. Doch der Fall lag damals schon zu lange zurück, um das noch schlüssig nachweisen zu können. Am 21. Dezember 1909 folgt »Emma«. Neben dem dritten Datum, dem 21. Februar 1911, steht: »Köhler 63 – Arbeiter – Rückers«. Dann folgt am 6. März 1912 wieder nur ein weiblicher Vorname, nämlich »Agnes«. Bis zum 24. Februar 1916 handelt es sich dann nur noch um Männer. Denke notierte neben den Vor- und Nachnamen oft auch Angaben zum Wohnort, zum Beruf und die Geburtsdaten. Mit einer »Marie« – verzeichnet vor der bereits erwähnten Abkürzung A. T. – taucht dann der letzte weibliche Name in der Liste auf.

Er achtete auch sonst auf seine Buchhaltung und notierte die Kosten für das Bier, das er den Landstreichern und wandernden Handwerkern spendiert hatte, bevor er sie in seine Wohnung lockte. Der Unterschied zwischen Handwerkern, die auf der Suche nach Arbeit von Dorf zu Dorf und Stadt zu Stadt wanderten, und Landstreichern dürfte in der wirtschaftlich äußerst schwierigen Situation der 1920er-Jahre fließend gewesen sein.

Viele der männlichen Opfer ließen sich schnell ermitteln. Ihre Namen auf Denkes Liste deckten sich mit den in seiner Wohnung gefundenen Ausweisen. Sie alle galten seit den von Denke notierten Daten in ihren Heimatgemeinden als vermisst. Daten gleich Taten. Unter den vielen Kleiderbündeln befanden sich Jacken und andere persönliche Gegenstände, die von einigen Hinterbliebenen eindeutig als Besitz der Verschwundenen identifiziert werden konnten. So erkannte etwa die Ehefrau des Fellhändlers Rochus Pawlik aus Breslau das Jackett ihres Mannes anhand eines Flickens, mit dem sie ihm kurz vor seinem Verschwinden von innen eine der Taschen ausgebessert hatte. Da seine Papiere nicht in Denkes Wohnung gefunden wurden, Pawlik aber seit der letzten Novemberwoche 1924 als vermisst gemeldet war, handelt es sich bei ihm wahrscheinlich um das einunddreißigste und letzte Opfer, dessen Platz auf der Liste bereits vorgesehen war.

In Denkes Aufzeichnungen machte der Name »Emma« die Beamten stutzig, da der dort verzeichnete 21. Dezember 1909 mit dem Verschwinden der Arbeiterin Emma Sander aus Neuhof zusammenfiel, deren Leiche man wenig später zerstückelt an verschiedenen Orten, so auch in der Nähe von Denkes Wohnung, gefunden hatte. Der für den Mord an Emma Sander zu zwölf Jahren Zuchthaus verurteilte Eduard Trautmann war ein Jahr, bevor Karl Denkes Mordserie entdeckt wurde, freigelassen worden. Im Rahmen der Neuermittlungen zum Fall Emma Sander stellten sich immer mehr Ungereimtheiten heraus, die das Gericht seinerzeit übersehen hatte. Etwa die Berechnungen, wann genau Trautmann die Tat überhaupt hätte begehen können. Dabei blieb letztlich nur ein Zeitfenster von etwa fünf Minuten übrig, für das Trautmann kein Alibi hatte. Fünf Minuten, die für ein solches Verbrechen niemals ausgereicht hätten. Immerhin hatte der Täter das Opfer mit dem Hammelstich völlig ausbluten lassen, nachdem er es zuvor bis zur Bewusstlosigkeit gewürgt hatte.

Zudem hatten Zeugen, deren Aussagen aber im Verfahren gegen Trautmann nicht herangezogen worden waren, Vatter Denke in der Nähe eines der Fundorte der Leichenteile beobachtet – mit einem Handkarren.

Hinzu kam, dass auch auf Denke zutraf, was bei der Verurteilung Trautmanns am schwersten gewogen hatte. So bezeugte ein Fleischer, dass Denke vor Jahren in seiner Metzgerei ausgeholfen und sich insbesondere für das Zerteilen des Schlachtguts interessiert hatte. Auch hier wurde der Hammelstich in der beschriebenen Form durchgeführt.

Nicht zuletzt deutete Denkes penible Buchführung auf seine Täterschaft im Fall Emma Sander hin. Während auf der chronologischen Opferliste »Emma« an zweiter Stelle auftaucht, fehlt auf der Gewichtsliste zu ihr jegliche Angabe. Sie war die Einzige, deren Fleisch er nicht verarbeitet und gegessen hatte. Das könnte daran liegen, dass Denke, als er mit seinem grausigen Treiben begann, bei ihr, dem zweiten von ihm aufgelisteten Opfer, noch ungeübt im »Handwerk des Tötens« war. Die mit ihrem eigenen Urin und Kot verschmutzte Tote hatte ihn möglicherweise so angeekelt, dass er auf die Zubereitung ihres Fleisches verzichtet hatte. Einzig den Hautstreifen, den er von ihrem Unterschenkel abgezogen hatte, schien er behalten zu haben.

So schwierig es ist, Morde aufzuklären, die zur Zeit, als die Taten aufflogen, zum Teil schon Jahrzehnte zurücklagen, das heißt zumindest alle Opfer zu ermitteln, so schwierig ist es auch, ein einigermaßen stimmiges Profil des Täters nachzuzeichnen, der sich einer klärenden Verhandlung entzogen hatte.

Karl Denke kam 1860 in Oberkunzendorf, nahe Münsterberg als dritter Sohn eines Stellenbesitzers und späteren Gastwirts zur Welt. Nach einer polizeilichen Aufzeichnung »frönte er« als Erwachsener »dem Müßiggang«, gönnte sich einige Reisen und ließ es sich gutgehen, bis das Geld seiner Erbschaft aufgebraucht war.

Tatsächlich schien er jedoch bereits als Kind eine schwierige Entwicklung durchgemacht zu haben. So sollte er erst ab dem sechsten Lebensjahr angefangen haben zu sprechen. Der Lehrer hielt ihn für einen verstockten Idioten und verdrosch ihn regelmäßig – wie es damals im Schulalltag üblich war. Erst später besserten sich seine Leistungen, allerdings ohne Auswirkungen auf seine, wie man heute sagen würde, soziale

Kompetenz. Er pflegte – sieht man von seinen Geschwistern ab – kaum Kontakt zu seinen Mitmenschen. Schon als jüngerer Mann war er allem Anschein nach ein ausgesprochener Eigenbrötler, der anderen konsequent aus dem Weg ging. Und auch später mied er seine Mitmenschen, außer er bedurfte ihrer als Nahrungsquelle. Dass sich eine Schenke gut eignete, um mit Fremden bei einem Bier ins Gespräch zu kommen, dürfte er in der väterlichen Gastwirtschaft gelernt haben, in der er eine Zeit lang ausgeholfen hatte.

Wann genau er mit dem Morden begann, ist ebenso ungeklärt wie die Frage, was ihn letztlich auf den Geschmack brachte. Seine Leidenschaft, Fleisch von Menschen zuzubereiten und zu essen, ist tabuisiert; forscht man jedoch etwas genauer, lassen sich viele Spuren kannibalischer Praktiken finden. Und zwar nicht nur in exotischen Regionen, sondern auch hierzulande. Der Lustgewinn durch das Töten selbst, der für viele Gewohnheitsmörder ein Hauptantrieb ihrer Taten ist, dürfte bei Denke nur eine untergeordnete Rolle gespielt haben. Töten war für ihn lediglich eine Notwendigkeit, um an sein eigentliches Ziel zu gelangen: Fleisch.

Die wenigen nach zwei Weltkriegen erhalten gebliebenen polizeilichen Aufzeichnungen über ihn betonen, was wenig wundert, seine Essgewohnheiten. So heißt es zum Beispiel, dass er sich bei einem der seltenen Besuche beim älteren Bruder nicht vom Tisch erhob, bevor er nicht mindestens zwei Pfund Fleisch vertilgt hatte.

1924 – es war gerade ein Jahr her, dass ein US-Dollar 4,5 Billionen Reichsmark wert gewesen war, bevor dann die Renten- die alte Reichsmark ablöste – hatte er, wie viele andere auch, längst sein gesamtes Vermögen verloren. In der Zeit der größten Geldentwertung hatte er sein Haus verkauft, blieb aber weiterhin dort wohnen. Schon beim Kauf des Hauses vor dem Krieg ließ er sich wohl derart übervorteilen, dass seine Geschwister ihn für untauglich hielten, solche und andere Geschäfte zu tätigen. Vergeblich versuchten sie, ihn entmündigen zu lassen. Das führte zum endgültigen Bruch mit der Familie. Er lebte vom Verkauf selbst angepflanzten Rhabarbers, der in der Gegend um Münsterberg häufig angebaut wurde. Als der Fall Denke mit all seinen schaurigen Details bekannt wurde, brach für lange Zeit der Absatz von Rhabarber aus der Region rapide ein. Um sich eine weitere Einnahmequelle zu erschließen, begann Denke, Brotkörbe herzustellen, für die er Schnüre aus Menschenhaut verwendete, und verkaufte sie auf Wochenmärkten. In der Zeit der Hyperinflation bot er dort auch die Kleider seiner Opfer an.

Im Gegensatz zum Hannoveraner Massenmörder Fritz Haarmann, der ebenfalls 1924 verhaftet worden war, hat es Denke trotz einer größeren Zahl an Opfern nicht geschafft, in Literatur oder anderen Künsten tiefere Spuren zu hinterlassen. Bertolt Brecht versuchte sich 1931 an einer Satire über den Kannibalen, gab das Vorhaben aber wieder auf. Außerdem existiert wohl ein Bänkellied, das in den 1920er-Jahren zur Drehorgel gesungen wurde.

Es gibt viele Gründe, warum Denke nicht ebenso bekannt wie andere berühmt-berüchtigte Verbrecher wurde. Sicher spielt dabei sein Selbstmord eine Rolle. War es überhaupt Selbstmord? Auch das ist nie ernsthaft infrage gestellt, geschweige denn untersucht worden. Über die Motive Denkes kann nur spekuliert werden. Ein Selbstdarsteller wie Haarmann nutzte jede Bühne, auch das Gerichtsverfahren, um das Bild, das sich andere vom ihm machten, in seinem Sinne zu beeinflussen. Er war unter den Massenmördern eine Rampensau. Nicht so Denke, bei dem so viel im Dunkeln blieb.

Auch auf die Frage, ob es neben der Obsession für den Verzehr von Menschenfleisch noch andere Antriebe gegeben haben könnte, gibt es nur einige wenige Hinweise, die aber nachdenklich stimmen sollten: Einer der Gerichtsmediziner schrieb, dass auf einem der Hosenträger aus menschlicher Haut noch die Brustwarzen des Opfers deutlich erkennbar waren. Da Denke die Haut nur trocknete, nicht aber gerbte, wurde sie mit der Zeit brüchig. Solche Stellen reparierte er mit anderen Hautstücken, die er, wie der Mediziner feststellte, seinen Opfern aus dem Schambereich geschnitten hatte.

Einige der Sammlungen, die Denke angelegt hat, lassen stutzen: Neben zahlreichen persönlichen Papieren und Ausweisen löste er – offenbar, indem er die Kiefer auskochte – die Zähne und sortierte sie nach Art und Größe in unterschiedlichen Behältern. Erwähnenswert sind drei weitere Sammlungen, die einen Blick auf die seelische Verfassung des Täters erlauben, auch wenn es teilweise unklar bleiben muss, wie genau sie sich in das Gesamtbild seiner Person fügen. Da waren zum einen etliche mit Menschenhaut verschnürte Päckchen mit im Grunde kaum noch verwendbaren Stoffresten. Penibel geordnet, aber unerklärlich in ihrem Zweck. Selbst ein auf das Ausbessern von Löchern spezialisierter Flickschneider hätte lange zu tun gehabt, um sie zu verbrauchen. Zum anderen hatte sich Denke eine Kollektion »Spielgeld« angelegt, gefertigt aus runden Tonstückchen, in die er Münzen wie Stempel hineindrückte. Verstörend wirkten schließlich einige offensichtlich nicht zum Verzehr bestimmte Fetische. Jeder von ihnen bestand aus einem sorgfältig herauspräparierten Anus mitsamt einigen Quadratzentimetern der umliegenden Gesäßhaut. Viele dieser irritierenden Details fanden in späteren kriminologischen Bewertungen des Denke-Falls keine Beachtung mehr.

Dennoch ist interessant, was von diesem Fall in der einschlägigen Literatur der Kriminalisten während der NS-Zeit übrig blieb. Mögliche Motive – mit Ausnahme der Aussage »Er war der Sklave seines Magens« – blieben weitgehend außen vor, ebenso wie die persönlichen Hintergründe, Informationen zu Herkunft und Entwicklung des Täters. Denke wurde in grober Verfälschung seiner Herkunft zu einer Art bankrottgegangenem Großgrundbesitzer gemacht.

1934 widmete der Kriminaldirektor Julius Polke dem zweifellos wichtigen Umstand besondere Aufmerksamkeit, dass Denke eine beinahe akribische Buchhaltung zu seinen Opfern geführt hatte. Details, wie das Gesamtgewicht eines Ermordeten und das Gewicht des schließlich verwerteten Fleisches, die weitere Nutzung von der Haut bis zu den Kleidern und Schuhen, beschäftigten den Autor in einer Weise, die vor allem aus heutiger Sicht auf die Praxis der Nazis während der später anlaufenden Tötungsmaschinerie in Lagern wie Auschwitz beklemmend wirkt. Natürlich lassen sich die Taten Denkes nicht mit den Verbrechen während des Holocaust vergleichen. Aber der schlesische Kannibale hat wenige Jahrzehnte vor der Bürokratisierung und Industrialisierung, mit der den Nationalsozialisten das millionenfache Morden überhaupt erst in diesem Umfang möglich wurde, auf einer individuell fassbaren Ebene einige Aspekte dieser Verbrechen vorweggenommen. Die Tatsache, dass es bis heute schwerfällt, allein diese Mordserie in ihrem ganzen Spektrum angemessen analysieren zu können, zeigt, um wie viel schwieriger dies ist, wenn wir es mit Auschwitz zu tun haben. Was aber keinesfalls dazu führen darf, dass man es nicht trotzdem versucht. Immer wieder.

Während ich mich mit dem Fall Denke beschäftigte, erinnerte ich mich an eine Passage aus Ernst Jüngers *Auf den*

Marmorklippen. Jüngers Buch konnte trotz seiner unter-schwellig kritischen Haltung zum NS-System von den Nazis unbehelligt 1939 erscheinen und entwickelte sich noch während des Zweiten Weltkriegs zu einem Verkaufsschlager.

Er schildert darin den Anblick einer Scheuer, die auf einer Rodung, dem Köppelsbleek, stand. Zu den ersten Eindrücken gehörten ein Schädel, der an die Wand der Scheune genagelt worden war, sowie weitere Totenköpfe, die am Rand der Lichtung in den Bäumen hingen und zum Teil schon Moos angesetzt hatten; dann eine auf eine Schinderbank im Innern der Scheuer aufgespannte Haut sowie Fliegenschwärme über undefinierbaren bleich-schwammigen Massen, die weiter hinten auf »dem finstren Grund« lagen, während draußen bereits ein Geier »mit ausgezackten Schwingen« niederging. Schließlich der Anblick eines »Männleins« im grauen Rock, das ein »Liedchen pfeifend« unter »Pochen und Schaben« an der Schinderbank arbeitete, wozu »die bleichen Schädel an den Bäumen im Chore klapperten ... Zugleich trieb mit dem Winde ein zäher, schwerer und süßer Hauch der Verwesung an ...«

Jan Beinßen

Das Gebot der Stunde

Winfried Schnelleisen bot sich ein verstörendes Bild: Als der hochgewachsene Kriminalhauptkommissar den weitläufigen Messestand betrat, musste es ihm so vorkommen, als habe er seinen Fuß auf ein Schlachtfeld gesetzt. Das gesamte Dekor inklusive der integrierten Flatscreens, der Infostelen und des geschwungenen Tresens mit eleganten Barhockern war verwüstet worden. Wohin Schnelleisen auch sah, waren Fetzen von Imagebroschüren, zersprungene Gläser, aber auch Brillen, Schuhe und andere Kleidungsstücke verteilt. Es roch intensiv nach verschiedenen Damenparfüms, Tabakrauch, Alkohol und Erbrochenem. Und mittendrin in diesem anklagenden Zeugnis einer orgiastischen Party lag der Tote.

Hauptkommissar Schnelleisen, der genau wie seine Begleiter von der Spurensicherung einen pastellgrünen Overall, Handschuhe und eine Haube über dem Haar trug, schätzte das Opfer auf Mitte, vielleicht Ende zwanzig. Der Mann war gut einen Meter achtzig groß und schlank gewesen. Seine Kleidung war die eines Geschäftsmanns: grauer Anzug, darunter ein ehemals weißes Hemd. Mittlerweile wies das Hemd mehrere dunkelrote Flecken auf, die längliche, jeweils knapp drei Zentimeter lange Schnitte umrahmten. An diesen Stellen, nahm Schnelleisen an, hatte der Täter zugestochen. Die Tatwaffe, ein Messer, das wahrscheinlich aus der Küchenzeile des Standes stammte, konnte unweit des Toten auf dem Boden sichergestellt werden.

Es war früher Morgen gewesen, als Schnelleisen bei einsetzender Dämmerung mit Blaulicht und Martinshorn zum Messezentrum gerast war. Wie er schnell erfuhr, fand dort derzeit die Braumesse statt, bei der sich Experten der Branche wie Brauer, Getränkemarktgrossisten und Vertreter der Gastronomie ein Stelldichein gaben und sich über die neuesten Trends auf dem Biermarkt austauschten. Abends, nach Messeschluss, zogen viele Messegäste durch die Innenstadt, um ihr theoretisches Wissen über die Braukunst durch einige praktische Erfahrungen in den örtlichen Gasthäusern und Bars zu ergänzen. Hin und wieder kam es vor, dass direkt auf einem der Messestände gefeiert wurde. Mit einer solchen After-Work-Party hatte es Schnelleisen auch hier zu tun, und in seinen Augen war der Tatverlauf nicht sonderlich kompliziert.

»Die Feier ist aus dem Ruder gelaufen«, deutete er das Chaos um den Toten. »Wahrscheinlich haben wir es mit einer Eifersuchtsgeschichte zu tun. Das übliche Muster: Zwei Männer buhlen um dieselbe Messemieze und zack!«

Könnte sein, stimmte ihm Jasmin Stahl im Stillen zu, die kurz nach Schnelleisen auf dem zerstörten Messestand eintraf. Das Tohuwabohu, das sich ihren Augen bot, sprach durchaus für Schnelleisens Theorie. Auch der Zustand der anderen Partygäste, die Jasmin in einem Nebenraum warten sah, unterstützte die These, dass es die Anwesenden an diesem Abend übertrieben hatten. Selbst jetzt, einige Stunden nach dem jähen Ende der ausufernden Fete, standen sie sichtlich unter Alkoholeinfluss und waren kaum zu einer Aussage fähig. Dass es im Laufe dieses ohne Zweifel übers Ziel hinausgeschossenen Messeausklangs zu Handlungen gekommen war, die der eine oder andere Anwesende bereute, stand außer Zweifel. Dennoch konnte sich Jasmin nicht so recht vorstellen, dass inmitten dieser wüsten Feier jemand einfach so zum Messer gegriffen hatte – es sei denn, der Mörder war dermaßen kaltblütig, dass ihm all die Zeugen egal waren. Nein, Oberkommissarin Jasmin Stahl hatte Zweifel daran, dass es so einfach sein würde, wie ihr Chef sich das vorstellte.

»Hat denn keiner der Partygäste etwas von der Messerstecherei mitbekommen?«, erkundigte sie sich.

Schnelleisen winkte ab. »Die sind alle viel zu blau, um eine vernünftige Aussage machen zu können. Aber es gibt ja ausreichend Spuren, um herauszufinden, wer es getan hat. Wenn unsere Jungs sauber arbeiten, haben wir Mackie Messer bis morgen überführt. Davon abgesehen kann ich es mir jetzt schon denken.«

Wenn Schnelleisen zu denken begann, war das nach Jasmins Dafürhalten kein gutes Zeichen. Sie war gespannt darauf, wen er als Bösewicht identifiziert hatte.

»Schauen Sie sich diesen traurigen Haufen doch einmal an!«, forderte der Hauptkommissar sie auf und deutete auf das gute Dutzend Männer und Frauen, die im Raum nebenan saßen, teils vornübergebeugt, teils die Köpfe auf die Hände gestützt. »Sehen Sie die dralle Blonde mit dem viel zu kurzen Rock und den Stilettos? Ich wette zehn zu eins, dass es bei dem Streit um sie gegangen ist. Und der hagere Kerl mit der Pomade im Haar, der sie die ganze Zeit angafft, ist wahrscheinlich unser Mörder. Eine Eifersuchtstat, ich sag's ja.«

Manchmal beneidete Jasmin ihren Boss darum, dass er sich seine Welt so schön einfach reden konnte. Bei ihm gab es immer bloß Schwarz und Weiß, nie aber Zwischentöne. Dem erfahrenen Herrn Dezernatsleiter reichte ein flüchtiger Blick auf den Schauplatz der Tragödie, und schwups, hatte er seinen Mörder gefunden. Nur leider gingen Schnelleisens Schnellschüsse – nomen est omen – meistens meterweit daneben. Jasmin fragte sich ein ums andere Mal, wie er es bis zum Hauptkommissar hatte bringen können. Wahrscheinlich war sie selbst nicht ganz unschuldig daran, denn ihr fiel es zu, die Fehler ihres Vorgesetzten so diskret wie möglich auszumerzen und ihm eine plausible Alternative aufzuzeigen, mit der er vorm Polizeipräsidenten und der Presse glänzen konnte.

Diesmal würde es wohl wieder so laufen, ahnte Jasmin und überlegte, ob sie es selbst mit einer Befragung der Partygäste versuchen sollte. Doch wie Schnelleisen bereits treffend beobachtet hatte, waren mit diesen Alkoholleichen vorläufig keine Resultate zu erzielen.

Also konzentrierte sie sich auf das Opfer. Die Kommissarin mit ihrem kurz gehaltenen fuchsroten Haar und unzähligen Sommersprossen rings um die Nase ging neben der Leiche in die Knie. Sie besah sich den Toten aus nächster Nähe und stellte fest, dass er gut rasiert war und ein dezentes Aftershave aufgetragen hatte. Haare, Brauen und Nägel machten einen gepflegten Eindruck. Er wirkte athletisch und fit, was für eine gesunde Lebensweise sprach. Oder zumindest dafür, dass er auf sein Äußeres geachtet hatte.

»Konnte schon festgestellt werden, was er von Beruf war?«, fragte sie eine Kollegin vom Erkennungsdienst.

Diese nickte: »Michael Dorian war ein Neuling in der Branche. Frischgebackener Absolvent der Braumeisterschule Weihenstephan.«

»Die haben eine eigene Schule?«, fragte Jasmin.

»Ja, eine Hochschule. Unser Opfer schloss den Studiengang Brau- und Getränketechnologie mit Bestnoten ab. Nach dem, was ich in Erfahrung bringen konnte, haben sich die Arbeitgeber die Finger nach diesem jungen Kerl geleckt. Ein Ass in seinem Fach.«

»Wenn das so ist, gab es womöglich Neider«, folgerte Jasmin. »Vielleicht hat Streber Dorian jemand anderem den Job wegschnappen wollen. Und der nahm ihm das übel.«

Ein Mitglied der Spurensicherung riss Jasmin aus ihren Überlegungen. Der Kollege, der bis eben mit der Untersuchung von Fingerabdrücken an der Tatwaffe beschäftigt gewesen war, machte keinen zufriedenen Eindruck, als er erklärte: »Haufenweise Abdrücke! Einer über dem anderen. Teilweise stark verwischt. Das sieht so aus, als hätten sich verschiedene Leute das Messer gegenseitig aus der Hand genommen. Ich kann mindestens fünf verschiedene Muster feststellen. Allesamt frisch.«

Das macht es nicht einfacher, dachte Jasmin und setzte ihre Untersuchung des Toten fort. Sie registrierte den feinen Stoff des Anzuges, die sorgsamen Bügelfalten im Hemd, das tadellose Glänzen der Schuhe. Michael Dorian hatte sich ordentlich ins Zeug gelegt, um an diesem Abend als gepflegte Erscheinung aufzutreten. Anzunehmen, dass er die Braumesse für eine Art Bewerbungstour genutzt hatte. Wollte er sich und seine Dienste hier im Kreise der Insider und Entscheidungsträger vorstellen, um das Beste für sich herauszuholen? Jasmin hielt das für ziemlich wahrscheinlich. Aber ein konkretes Mordmotiv hatte sie damit immer noch nicht ausgemacht.

Als sie sich erhob, grübelte sie weiter darüber nach. Dabei konnte sie den Blick nicht von dem Toten lassen. Sie ging einige Schritte zurück, wobei sie mit der Ferse an etwas hängen blieb. Sie sah nach unten und stellte fest, dass sie in den Griff einer Aktentasche getreten war. Die Mappe war aus schwarzem Leder gefertigt und sah aus wie neu. Als Jasmin sie aufhob, entdeckte sie auf der Oberfläche nicht die kleinste Macke. Auf dem Verschluss prangten die Initialen »M. D.«. Stand das für »Michael Dorian«?

Jasmin stellte einen der umgekippten Hocker auf, legte die Tasche darauf ab und ließ die Verschlüsse aufklappen. Zum Vorschein kam ein dünner Hefter mit eng bedruckten Seiten, dazwischen Formeln und Zeichnungen. Sie blätterte durch die Zettelsammlung, konnte jedoch keinen Sinn in den Aufzeichnungen erkennen. Für sie war das alles Fachchinesisch.

So sehr war sie mit ihrem Fund beschäftigt, dass sie einen Neuankömmling am Tatort zunächst gar nicht bemerkte – obwohl der große und massige Mann wirklich nicht zu übersehen war.

»Na, Fräulein Stahl, was haben Sie denn da Hübsches entdeckt?« Dr. Todt, Gerichtsmediziner der alten Schule, stand direkt hinter ihr und blickte über ihren Kopf hinweg in die Akten.

»Ich weiß es nicht«, antwortete Jasmin, die sich über die Ankunft des äußerst kompetenten Kollegen freute. »Ich nehme an, das Opfer hat diese Unterlagen mit auf die Messe gebracht. Vielleicht, um sie jemandem zu zeigen?«

Todt nahm ihr den Hefter unaufgefordert aus der Hand. Er setzte seine Lesebrille, die an einer Kordelkette vor seiner Brust gebaumelt hatte, auf die Nase, vertiefte sich in die Formelsammlung und stieß ein anerkennendes Grunzen aus.

»Donnerwetter!«, sagte er, nachdem er geschlagene zehn Minuten lang die Aufzeichnungen studiert und dabei Schnelleisens Aufforderung, doch endlich mit der Untersuchung des Toten zu beginnen, einfach ignoriert hatte. Schließlich gab der Doktor den Hefter Jasmin zurück und verkündete bedeutungsschwanger: »Das ist eine Bombe!«

Jasmin und Schnelleisen sahen den Arzt gleichermaßen verwundert an. »Hat dieser Dorian etwa mit Sprengstoff experimentiert?«, fragte Schnelleisen. »Ein Terrorist?«

Dr. Todt verzog das Gesicht. »Nein, viel besser. Dieses junge, aber wohl leider auch kriminelle Genie wollte die fünfhundert Jahre alte Brautradition dazu verwenden, Drogen herzustellen. Und ich rede hier nicht von Alkohol als Droge.«

»Ich kann nicht ganz folgen«, sagte Jasmin, woraufhin Dr. Todt ausholte:

»Dorians Protokollen zufolge kann man Hefezellen nicht nur als Basis für den Brauprozess benutzen, sondern ihnen auch andere Aufgaben geben. Das Prinzip bleibt dabei das gleiche: Es geht darum, dass die Hefe bei der Umwandlung von Zucker behilflich ist. In der Brauerei steht am Ende dieses Vorgangs das Bier, in Dorians Versuchslabor dagegen kamen Opiate dabei heraus.«

Jasmin machte große Augen. »Rauschgift aus Bierhefe – wie soll das funktionieren?«

Nicht ohne Anerkennung für den Forschungseifer des Verstorbenen erklärte Dr. Todt: »Dorian hat seine Hefekulturen dazu bringen können, alle notwendigen Syntheseschritte dafür zu vollziehen. Die einzelnen chemisch-biologischen Schritte hat Dorian allesamt im Heimlabor überprüft. Laut seinen Unterlagen sind sie funktionsfähig! Er hatte bisher nur noch niemanden gefunden, der ihm die Umsetzung des Gesamtprozesses ermöglicht.«

»Das klingt recht abenteuerlich«, meinte Jasmin, doch Dr. Todt ließ sich nicht beirren.

»Abenteuerlich? Ja, genau das ist es! Wenn ich Dorians Prinzip richtig deute, braucht man künftig nicht mehr auf die Ernten afghanischer Bauern zurückzugreifen, sondern bloß einen Bierbraukessel auf irgendeinem Nürnberger Hinterhof umzufunktionieren, um mit kleinem Aufwand große Mengen herzustellen. In der Tat ein sehr gewagtes Abenteuer, denn bei Drogen hört bekanntlich der Spaß auf.«

Nun verstand auch Schnelleisen die Brisanz von Todts Worten: »Wenn das Zeug auf den Markt kommt, bringt es Kartelle zum Einsturz, macht die Mohnbauern arbeitslos und überschüttet die Szene mit billigem Stoff. Auch für das Brauereigewerbe wäre es eine Katastrophe.«

Das mochte schon sein, falls Dorians Verfahren tatsächlich praxistauglich sein sollte, dachte Jasmin. Doch hier und jetzt waren weder Mafiabosse noch Dealer oder Bauern anwesend – sondern in der überwiegenden Zahl Braumeister.

Sie wandte sich von Todt und Schnelleisen ab und ging auf eine kleine Gruppe Männer zu, die sich am Rand der versammelten Partygesellschaft aufhielt. Die Männer waren um die fünfzig, wirkten sehr vertraut miteinander und strahlten den Eindruck tatkräftiger Entschlossenheit aus. Auch sie hatten am Abend dem Alkohol zugesprochen, das sah man an ihren geröteten Wangen. Gleichwohl waren sie hellwach und beobachteten mit Argusaugen jeden Schritt, den Jasmin auf sie zuging.

»Sie sind Braumeister, ja?«, sprach die Oberkommissarin die Männerrunde an. »Überzeugte Vertreter Ihrer Zunft, habe ich recht?«

Die Männer sahen sie unverwandt an, ohne zu einer Antwort anzusetzen. Keiner zuckte auch nur mit der Wimper.

Jasmin baute sich vor ihnen auf und wedelte mit Dorians Unterlagen vor ihren Nasen. »Dieser junge Emporkömmling wollte Ihr ehrenwertes Gewerbe für die Produktion von Drogen missbrauchen. So einen Frevel konnten Sie ihm nicht durchgehen lassen, oder?«

Keiner der Männer zeigte eine Regung. Auf Jasmins Anspielungen reagierten sie mit eisigem Schweigen.

»Haben Sie dem arroganten Schnösel den Kopf gewaschen?«, provozierte Jasmin. »Haben Sie ihm klargemacht,

dass Sie Ihr heiliges Reinheitsgebot nicht von jedem daher-
gelaufenen Hochschulabsolventen mit Füßen treten lassen?
Kam es zum Streit? Einen Streit, der im Eifer des Gefechts
mit dem Messer ausgetragen wurde?«

Noch immer blieben die Männer ungerührt. Mit verschränkten Armen standen sie da und ließen jeden der Vorwürfe Jasmins von sich abprallen.

Jasmin drehte sich um, streckte den Arm aus und zeigte
auf den am Boden liegenden Toten: »Sehen Sie hin! Schauen
Sie sich an, was Sie angerichtet haben! Ein junges Leben –
von einer Minute auf die andere einfach ausgelöscht.« Sollte ihre Rede die Braumeister beeindruckt haben, so zeigten
sie es nicht. Es käme ein hartes Stück Arbeit auf sie zu,
wenn sie sie zum Reden bringen wollte, dachte sich Jasmin.
Wahrscheinlich würde sie die Herren allesamt mit ins Prä-
sidium nehmen und einzeln vernehmen müssen. Und selbst
dann wäre ein schneller Erfolg fraglich, denn hier handelte
es sich offensichtlich um Kandidaten, an denen sich sogar
erfahrene Verhörexperten die Zähne ausbissen.

Jasmin entwickelte in ihrem Kopf gerade ein Drohszena-
rio, mit dem sie die hartgesottenen Braumeister einschüch-
tern wollte, da trat einer von ihnen vor. Seine Mimik blieb
ohne jede Emotion, als er sagte: »Eine böse Geschichte.
Sehr tragisch. Das finden wir alle. Aber wer das getan haben könnte?« Der kräftig gebaute Mann mit Vollbart zuckte
die Schulter. »Man weiß es nicht – aber vielleicht ist es ja
ein kleiner Trost zu wissen: Bei ihm waren ohnehin Hopfen
und Malz verloren.«

Die anderen nickten stumm.

Veit Bronnenmeyer

Nebenwirkungen

Ich hatte wirklich nicht geglaubt, dass es mich jemals noch einmal nach Pichlas verschlagen würde. Aber das Leben geht eben manchmal seltsame Wege. Einen großen Bezug zu diesem Ort hatte ich sowieso nie gehabt. Ich war in der Kreisstadt aufgewachsen, fünfunddreißig Kilometer entfernt. Wenn da nicht dieser Großonkel meiner Mutter gewesen wäre, ein (zu Recht) verkannter Maler, wäre ich als Kind sicher niemals hier gewesen. Und wenn es den *Karlskeller* nicht gegeben hätte, dann auch nicht als Jugendlicher.

Onkel Max hatte damals schon ein bewegtes Leben hinter sich gehabt. Als junger Mann hatte er der fränkischen Provinz den Rücken gekehrt und war als frischgebackener Förster nach Ungarn durchgebrannt, wo er sich zunächst in den Dienst eines k.-u.-k.-Barons mit ausgedehnten Ländereien gestellt hatte. Dort musste er dann irgendwann seine künstlerische Berufung entdeckt und sich auf das Schaffen großflächiger Ölschinken verlegt haben. Da ihm diese Kunst wenig einbrachte, ließ er sich offenbar von verschiedenen adligen Damen aushalten. Bis zum Ende des Ersten Weltkriegs schien er so nicht schlecht gelebt zu haben, aber dann war es mit dem Adel bergab gegangen und ebenso mit der Kunst von Onkel Max. Über die Zeit zwischen den beiden Weltkriegen wurde nie gesprochen, und so wusste ich nur, dass er sich in den frühen Fünfzigern in seinem Heimatort als Privatier und Künstler zur Ruhe gesetzt hatte. Er hatte weiter gemalt, meist fränkische Heimatmotive, so halbwegs im Stil von August Macke, und war davon abgesehen nur noch auf die Jagd gegangen, eine Leidenschaft, die er seit seiner Zeit als Förster wohl nie mehr losgeworden war. Er hatte in seinem Elternhaus hinter der Kirche gewohnt und ließ mich in dem großen Garten öfter mit seinem Jagdgewehr auf Pappscheiben und Blechdosen schießen. Ich weiß nicht, ob das meinen Eltern damals recht war, aber in den 60ern machte sich wegen so was noch niemand ins Hemd.

Etwa zehn Jahre später war Onkel Max tot und Pichlas vor allem deswegen attraktiv, weil es dort den *Karlskeller* gab, einen Biergarten etwas außerhalb des Ortes, wo die Jugend des Landkreises bescheidenen Anteil an den gesellschaftlichen Umbrüchen der Zeit nehmen konnte. Nicht nur dass dort lange Haare, Jeanshosen und Cowboystiefel geduldet wurden. Nein, das Bier ermöglichte uns darüber hinaus Sinneserfahrungen, die man in Frankfurt, Berlin oder Hamburg nur mittels verbotener Substanzen erleben konnte. Der Braumeister Karl war zu der Zeit noch halbwegs jung, und er hatte es irgendwie geschafft, seinen Keller für ein soziales Experiment dieser Art zu öffnen. Über den Mann waren schon damals die tollsten Geschichten im Umlauf. Angeblich sollte er einmal studiert haben. Was, war nicht ganz klar, Medizin war ebenso im Gespräch wie Jura und Atomphysik. Er selbst hatte sich nie dazu geäußert, es fiel nur auf, dass er immer diese großen Zeitungen las, die sonst keiner in der Gegend kannte und wahrscheinlich auch kaum verstanden hätte. Womöglich war das ein Hinweis auf ein offenes Wesen. Vielleicht war ihm auch einfach nur alles wurscht, solange die Leute ihre Getränke bezahlten. Vielleicht hatte er aber auch ein Geschäft gewittert, wenn die Möchtegernhippies der Provinz hier eine Zuflucht fanden. Jedenfalls rankten sich schon damals die wundersamsten Legenden um das Karlsbier. Manche behaupteten, er würde einfach Frostschutzmittel zugeben. Andere waren der Meinung, dass statt Hopfen Hanf enthalten sei, und wieder andere hegten den Verdacht, die Holzfässer würden mit halluzinogenen Pilzen ausgerieben. Abwegig war keine der Theorien, denn das Karlsbier entfaltete wirklich erstaunliche Nebenwirkungen. Infernalische Kopfschmerzen am nächsten Morgen waren noch das Harmloseste. Bewusstseinsstörungen waren mindestens ebenso häufige Symptome wie grundlose Euphorie, Panikattacken oder Erscheinungen von Elfen und Trollen (manchmal erschienen stattdessen aber auch die Erziehungsberechtigten und zogen ihre Sprösslinge an den langen Haaren in VW Käfer, Opel Kapitäne oder gar 180er-Mercedes).

Nach dem Abitur hatte ich meiner spießig-reaktionären Heimat schließlich den Rücken gekehrt und mich zum Studium nach Berlin begeben. Dass ich nun nach Pichlas zurückgekehrt war, lag zum einen an einer beruflichen ... Krise, die mich kurz vor dem Ruhestandsalter erwischte, und zum anderen daran, dass ich seit dem Tod meiner Mutter vor zwei Jahren rechtmäßiger Erbe und Besitzer des alten Hauses von Onkel Max war. Und nachdem ich nun endgültig die Nase voll hatte von Berlin und dem Societysumpf, in dem ich mich die letzten Jahrzehnte gesuhlt hatte, war dieses Haus zu meinem neuen Projekt geworden. Ich war guten Mutes, dass niemand auf die Idee kommen würde, mich hier im tiefsten fränkischen Niemandsland zu suchen. Das Gebäude war die letzten zehn Jahre leer gestanden. Das Dach hatte ich schon im Vorjahr von einer Firma neu decken lassen, sodass es zumindest nicht mehr hineinregnete. Nach meiner Ankunft hatte ich eine Kammer im Erdgeschoss bewohnbar gemacht und das Nötigste in der Küche hergerichtet, wo der Durchlauferhitzer die einzige schnell verfügbare Warmwasserquelle des ganzen Gebäudes darstellte. Im Bad stand noch ein alter Boiler mit Holzfeuerung, den in Betrieb zu nehmen mir meistens zu aufwendig war. Ein warmes Wannenbad pro Woche hatte früher auch gereicht. Ich hatte mir vorgenommen, im Inneren alles selbst zu machen. Das war mal eine echte Herausforderung, und eigentlich war ich ja auch beschlagen genug in den verschiedenen Gewerken, zumindest was die Theorie betraf. Seit einer Woche war ich nun dabei, im Obergeschoss den Putz abzuschlagen und das alte Fachwerk wieder freizulegen, das man wahrscheinlich schon vor dem Krieg verputzt hatte, weil es altmodisch wirkte. Danach sollten die Bodendielen drankommen, von denen etwa ein Drittel Besuch vom Holzwurm bekommen hatte und genau genommen jeden Augenblick durchbrechen konnte. Das Karlsbier gab es immer noch. Allerdings immer noch nicht in Flaschen und nach wie vor von zweifelhafter Wirkung, sodass ich mir eine Flasche vom etwas weiter entfernten *Brauhaus Hätscher* aufmachte, um mich zur Mittagspause zu stärken. Kurz nach dem Zischen des Kronenkorkens bekam ich Besuch von Bürgermeister Zeitler, einen der wenigen im Ort, die ich schon länger kannte, weil er mich nach dem Tod meiner Mutter bekniet hatte, das Erbe anzunehmen. Andernfalls würde das Haus an die Gemeinde fallen, und die hätte schon genug von diesen Bruchbuden und hinten und vorne kein Geld, um sie abzureißen.

»Geht's voran?«, fragte er, nachdem er sich auf einen der beiden Küchenstühle niedergelassen und nach kritischer Prüfung des Etiketts zögernd ein Bier angenommen hatte.

»Vielleicht nicht so schnell, wie es sollte, aber ich habe ja Zeit.« Ich fummelte mir die Schutzmaske vom Kopf und

versuchte, den hartnäckigen Staub über dem alten Spül-
stein von meinen Händen zu kriegen.

»Also, ich mein ja bloß, also, wenn Sie da einmal Hilfe
brauchen, Herr Haas. Wir haben genug alte Handwerker im
Ort, denen langweilig ist«, er zog eine Schnupftabaksdose
aus dem Inneren seines Jankers.

»Ja, für die Fassade und den Garten, da werde ich sicher
Hilfe brauchen«, ich nahm einen Schluck aus der Flasche
und wunderte mich, warum ich diesen Genuss in den letzten dreißig Jahren nicht vermisst hatte.

»Wir sind ja nicht mehr viele, aber wir halten zusammen.« Zeitler genehmigte sich eine Brise.

»Ja, ja, das scheint mir auch so«, log ich. Denn außer
ihm, der alten Nachbarin zur Linken und dem Sägewerks-
besitzer am Ortsrand kannte ich eigentlich noch niemanden, und ich hatte es damit auch alles andere als eilig. Es
entstand eine Pause, in der der Bürgermeister etwas nervös auf seinem Stuhl herumrutschte. Zeitler mochte etwas
jünger als ich sein, Mitte fünfzig vielleicht. Aber die langen
Jahre in der Kommunalpolitik hatten ihn gezeichnet. Das
schüttere Haar war komplett ergraut und der Bauchumfang
sicher auch nicht immer so gewesen.

»Was kann ich denn für Sie tun, Herr Zeitler?«, fragte ich
schließlich.

»Na ja, es ist halt so«, druckste er herum, »haben Sie das
mit dem alten Karl schon gehört?«

»Dem Brauer? Nein, was soll ich da gehört haben?«

»Da war doch vorgestern die Hölle los vor dem Gasthaus.
Polizei, Kripo, Feuerwehr, Sanitäter ...« Er sah mich fragend an, aber ich konnte nur die Schultern zucken. Vorgestern war ich den ganzen Tag an einem der tragenden Balken
beschäftigt gewesen, ohne das Haus zu verlassen.

»... Leichenwagen«, fuhr Zeitler schließlich fort.

»Leichenwagen?«, rief ich. »Ist der alte Karl wohl gestorben?«

»Ja, schon«, er setzte die Flasche an und nahm einen tiefen Zug, »sie haben ihn tot in seinem Brauhaus gefunden, im Gärbottich ...«

»Ja, wie ist er denn da reingekommen?«, entfuhr es mir.

»Ja no. Also, wenn S' mich fragen, Herr Haas ...«, er lehnte sich zurück, »der alte Karl war ja auch schon vierundachtzig, und von seinem Bier hat er sich auch nicht ferngehalten, verstehen S'? Wird halt einen Herzinfarkt bekommen haben und ist dann unglücklich gestürzt. Oder er hat es ohne Herzinfarkt geschafft, nur mit einem Trümmerrausch, und dann ist er halt in seinem eigenen Bier ersoffen. Eigentlich ja kein schlechter Tod, oder?«

»So alt war der schon?«, ich rechnete nach, wie alt er damals gewesen sein musste.

»Na ja. Die Kripo meint halt, dass man da erst noch die medizinische Untersuchung abwarten muss, aber das soll jetzt nicht Ihre Sorge sein, Herr Haas«, er lehnte sich wieder auf die Tischplatte und sah mich gespannt an.

»Was soll dann meine Sorge sein, Herr Bürgermeister?«

»Das Wirtshaus ... also nicht, dass Sie meinen ... das ist natürlich nicht Ihre Sorge, sondern meine oder unsere, vom ganzen Ort, verstehen S'?«

»Wenn ich ehrlich bin, nicht ... äh«, ich hatte mal erwogen, im Gasthaus ein Bier zu trinken, hatte es dann aber doch gelassen. Ich wollte nicht groß in Erscheinung treten.

»Wenn's kein Wirtshaus mehr gibt, dann ist der Ort tot«, erklärte Zeitler, »der Gemeinderat hat beschlossen, dass wir die Gaststätte unbedingt in Betrieb halten müssen. Zur Not auch ehrenamtlich, also genossenschaftlich, verstehen S'?«

»Ja, das ist doch eine großartige Idee!« So viel Tatkraft hätte ich diesem Dorf und seinen Honoratioren gar nicht zugetraut.

»Genau. Da gibt's nur ein Problem«, Zeitler zog ein rot-weiß kariertes Schnupftuch heraus und schnäuzte sich, »also es gibt sogar mehrere. Aber bei Ihnen bin ich jetzt wegen der Statik.«

»Ach so«, jetzt war mir klar, woher der Wind wehte.

»Das ganze Haus ist noch schlechter beinander, als es der alte Karl war«, Zeitler griff wieder zur Flasche, ohne jedoch daraus zu trinken, »und genau genommen müsste das Haus geräumt und in zehn Meter Umkreis alles abgesperrt werden ... sagt zumindest das Landratsamt.«

»Oh je«, meinte ich, nahm einen Schluck und musterte Zeitler kritisch.

»Ja, die übertreiben immer maßlos«, er winkte ab, »wir bräuchten halt ein statisches Gutachten von einem, der das kann, und dann könnten wir das Haus ja wieder herrichten. Wie gesagt, an Handwerkern, die nichts mehr zu tun haben, mangelt es nicht. Aber solche Gutachter kosten immer gleich fünfstellige Summen. Das können wir uns nicht leisten, ehrlich gesagt.«

»Ich verstehe Ihr Problem, Herr Bürgermeister«, ich musste lächeln, »aber ich kann Ihnen wirklich nicht guten Gewissens einen Blankoschein ausstellen, wenn das Haus jeden Moment einstürzen kann. Sie wissen doch, wer dann dran ist.«

»Jaja, das ist schon klar. Deswegen würde ich Sie halt bitten, dass Sie sich die Sache einmal anschauen und uns dann sagen, was zu machen ist, damit Sie ein positives Gutachten erstellen können. Wir richten alles so weit her, und dann kommen Sie und machen das Gutachten, und da müsste dann drin stehen, dass wir weitermachen können. Verstehen Sie das?«

»Also, ich kann da jetzt wirklich weder Ja noch Nein sagen, solange ich das Haus nicht genauer angeschaut habe ...« Tatsächlich konnte ich ihm auf gar keinen Fall so ein Gutachten unter meinem Namen erstellen, aber das zu erklären hätte jetzt zu weit geführt.

»Ja, ja«, er winkte eilig ab, »das ist doch selbstverständlich. Aber vielleicht haben Sie ja heute Abend um sechs kurz Zeit. Da trifft sich eine ... äh, Kommission im Wirtshaus. Dann können Sie sich einen Überblick verschaffen, und wir haben Gelegenheit, noch über andere Fragen reden.«

Diese Kommission bestand aus vier Herren. Neben dem Bürgermeister war das noch Herr Mager, der Verwaltungsleiter der Verwaltungsgemeinschaft Pichlas, Herr Kropf, irgendein höheres Tier bei der Kreissparkasse, und Herr Dotterweich, Vorsitzender der größeren von zwei Fraktionen im Gemeinderat. Man traf sich in der Wirtsstube, was Mut bewies, angesichts des baulichen Zustandes. Das Haus hatte weiß Gott schon bessere Tage gesehen. Die Decke hing zur Mitte hin ziemlich durch, und die Fenster ließen mehr Zugluft hinein, als sie draußen hielten. Das größte Problem schienen mir aber die Wasserränder unter der Decke zu den Außenseiten hin zu sein. Offenbar drang Feuchtigkeit in das Mauerwerk, und womöglich hatte sich der Hausschwamm schon eingenistet. Es roch jedenfalls ziemlich modrig. Dennoch schien das die Bevölkerung des Dorfes nicht davon abgehalten zu haben, die Gaststätte fleißig aufzusuchen. Wie mir die alte Nachbarin erzählt hatte, kamen insbesondere am Wochenende viele Menschen aus der näheren und fernerer Umgebung her, um das mythenumrankte Bier zu probieren und sich vom Karl dumm anreden zu lassen.

Womöglich war die Wahl des Ortes für die Besprechung aber auch ein Ausdruck von Pietät oder auch nur Sparsamkeit, denn das letzte vom alten Karl angestochene Fass war am Vorabend nur zur Hälfte geleert worden, und da waren die Herren offenbar übereingekommen, den Rest nicht verderben zu lassen. Jedenfalls schien es mir, als ob jeder schon mehr als ein Seidla intus hatte, als ich mich zu ihnen an den Stammtisch setzte. Auf der Eckbank fiel mir ein Stapel großformatiger Zeitungen auf, die sicher nicht zur Standardlektüre der Gäste gehörten. Ein fünfter Mann war mir nicht vorgestellt worden, jedoch schien er sehr um die Gesundheit aller Anwesenden besorgt.

»Meine Herren«, sagte er, »seit Jahren kämpfe ich dafür, dass dieser … Seuchenherd geschlossen wird. Und jetzt, wo er sozusagen ein natürliches Ende gefunden hat, werden Sie doch nicht allen Ernstes daran denken, den Betrieb hier weiterzuführen!!«, er hustete trocken.

»Ja wissen S', Herr äh, Dings«, sagte der Bürgermeister.

»Gernauer.«

»Herr Gernauer«, fuhr Zeitler fort, »so weit sind wir noch lange nicht. Wir wollen die Wirtschaft erhalten und im besten Fall auch den Keller. Für den Sommer.«

»Der Karl war die größte Attraktion von Pichlas«, pflichtete Dotterweich bei, »ohne den Keller interessiert sich keine Sau mehr für uns.«

»Ja, aber ob das noch funktioniert, wenn der Gasthof und der Keller an eine andere Brauerei verpachtet werden … da wäre ich mir nicht so sicher«, meldete sich Kropf, »was die Leute angezogen hat, war zum einen der Karl selbst und zum anderen das Bier …« Er erhob seinen Krug.

»Das schon reihenweise psychische Störungen und sogar Herzinfarkte verursacht hat«, eiferte sich Gernauer, »dieses Gebräu ist gemeingefährlich. Es müsste eigentlich unter das Betäubungsmittelgesetz fallen!«

»Ja, ja, die alten Geschichten«, Zeitler winkte ab, »aber hier im Ort hat den Karl noch nie jemand mit irgendwelchen Pilzen hantieren sehen.«

»Das ist auch nicht notwendig«, kreischte Gernauer, »was sich da in vierzig Jahren in den Filtern angesammelt hat, reicht vollkommen. Die hygienischen Zustände in dieser Brauerei sind haarsträubend!«, er hustete wieder. Offenbar stand es mit seiner Gesundheit auch nicht zum Besten.

»Saudumm's Gwaaf«, brummte Dotterweich und nahm einen Schluck.

»Wenn dieses Bier so gefährlich ist, warum haben Sie den Betrieb dann nicht schon lange geschlossen? Wofür sind Sie denn beim Gesundheitsamt?«, fragte nun Mager.

»Ja glauben Sie, das hätte ich nicht mehrmals probiert?« Gernauer musste sich ausgiebig räuspern. »Aber der Landrat hat alle meine Vorstöße abgeschmettert. Das könne man nicht machen mit so einer Institution! Ich weiß schon, welche Parteifreunde da unter einer Decke stecken, Herr Bürgermeister!«

»Was soll denn das jetzt heißen?«, wurde Zeitler laut.

»Das wissen Sie ganz genau«, Gernauer sprang hustend auf, »aber täuschen Sie sich nicht! Der Alte ist jetzt tot, und da wird die Rücksicht ein Ende haben. Und wenn ich bis zum Gesundheitsministerium muss. Diese Brauerei wird nie wieder in Betrieb gehen!«

»Jetzt warten wir mal ab, was mit diesen Blutspuren ist«, Zeitlers Stimme war immer noch im oberen Dezibelbereich, »und wenn sich das alles hoffentlich morgen als Unfall herausstellt, dann sind wir übermorgen am Arbeiten. Und das ist mein letztes Wort!«

»Was für Blutspuren?«, fragte Gernauer.

»Der ist imstande und bringt unsere ganzen Pläne durcheinander«, sagte Dotterweich, als der Mann vom Gesundheitsamt schließlich schnaubend und hustend den Gasthof verlassen hatte.

»Ich sage es nur ungern«, Kropf setzte seinen Krug ab, »aber wenn der das an die große Glocke hängt, wird es mit einem Kredit für die Baumaßnahmen schwierig werden.«

»Vorerst geht es doch nur um das Gebäude«, beschwichtigte Zeitler, »und deswegen freue ich mich, dass der Herr Haas heute auch da ist.« Er klopfte mir auf die Schulter. »Er ist ein berühmter Architekt und hat sich kürzlich bei uns niedergelassen.«

»Berühmt würde ich jetzt nicht sagen«, beeilte ich mich zu versichern.

»Was haben Sie denn so gebaut?«, fragte Mager.

»Ach, ich war viel im Ausland«, diese Frage war mir unangenehm, »habe viel Infrastrukturprojekte gemacht ... auch in Asien ...«, ich nahm einen großen Schluck von dem Bier, das mir der Bürgermeister hingestellt hatte.

»Infrastrukturprojekte?« Dotterweich hatte große Mühe, das Wort noch fehlerfrei zu artikulieren.

»Ja, aber darum geht es ja jetzt nicht«, versuchte ich abzulenken. Eigentlich wollte ich den Herren schmackhaft machen, dass ich ihnen eine fachliche Einschätzung geben würde und sie sich dann an die Arbeit machen könnten, damit ein amtlicher Gutachter das Gebäude eines Tages abnimmt. »Ist denn das Brauhaus schon wieder zugänglich? Ich meine wegen der Polizei.«

»Der Gärkeller ist noch gesperrt«, Zeitler unterdrückte einen Rülpser, »die haben da irgendwelche winzigen Blutspuren am Bottich gefunden, und falls die nicht vom Karl stammen, dann müssten sie weiter in Richtung Mord ermitteln.«

»Und warum haben sie die nicht gleich sichergestellt?«, fragte Mager.

»Weil das so heikel ist, die unbeschädigt wegzukriegen«, das Thema war dem Bürgermeister sichtlich nicht willkommen, »dazu brauchen sie irgendwelche Spezialisten vom LKA, die aber erst morgen kommen können, weil sie noch als Zeugen in einem Prozess gebraucht werden oder so ... Aber das ist jetzt auch völlig wurst. Der Keller ist doch nicht entscheidend.«

»Keller sind leider oft entscheidend, wenn es um die Substanz von Gebäuden geht«, widersprach ich.

»Ja, das wird jetzt nicht mehr lange dauern«, Mager winkte ab, »es wird sich ja hoffentlich herausstellen, dass es ein bedauerlicher Unfall war und nicht etwa ein Mord.«

»Ach geh«, Kropf winkte ab, »wer soll denn den Karl umbringen wollen?«

»Am Tag nach einem Karl-Rausch gibt es da so einige«, lachte Mager.

»Ich habe gehört, der Hätscher wollte dem Karl schon lange den Keller abkaufen, weil er ja seit den 70er-Jahren keinen eigenen mehr hat. Aber da hat der Karl natürlich nicht mitgespielt«, sagte Dotterweich.

»Ja und?«, fragte Zeitler, »was soll das dem Hätscher bringen, wenn er den Karl kaltmacht? Deswegen kriegt er den Keller doch auch nicht?«

»Wer weiß«, Dotterweich stand auf, nahm seinen Krug und ging zum Fass, das auf dem Tresen stand, »vielleicht meldet er sich ja noch bei dir und macht der Gemeinde ein Angebot, das sie nicht ablehnen kann.«

»Vielleicht war es aber auch andersherum.« Kropf blickte sinnierend in seinen Krug. »Vielleicht wollte der Karl an den Hätscher verkaufen, und das hat jemandem nicht gefallen ...«

»Jesus, Maria und Josef«, stöhnte Zeitler, »wollt ihr jetzt unbedingt einen Mord in unserem Dorf haben?! Der Karl war weit über achtzig und selbst nicht sein schlechtester Kunde. Da braucht kein Dritter nachhelfen, wenn ihr mich fragt. Und jetzt wenden wir uns einmal der Zukunft zu. Herr Haas, wollen Sie noch ein Bier?«

Ich weiß auch nicht, warum ich an dem Abend noch einmal in das Brauhaus zurückgegangen bin. Vielleicht lag es an der Wirkung des Bieres. Vielleicht aber auch daran, dass ein Gebäude, das angeblich nicht mehr zu retten ist, für einen Architekten wie mich erst richtig interessant wird. Vielleicht hatte auch die Bemerkung des Bürgermeisters über die Blutspuren meine Neugierde geweckt.

An der Gaststube vorbei führte ein schmaler Gang. An dessen Ende lag links die Küche, die ich, wie die beiden Toiletten geradeaus, lieber nicht in Augenschein nahm. Rechts herum ging es durch eine schiefe Tür in einen Lagerraum, in dem einige der legendären Holzfässer standen. Dieser Gebäudeteil war anscheinend einmal als Verbindung zwischen dem Gasthof und der dahinter liegenden Brauerei angebaut worden. Halb links führten sieben Stufen zu einer weiteren Türe, ich drückte sie auf und betrat das dunkel-schummrige Sudhaus. Vor mir lagen die zwei kupfernen Kessel. Ich schaltete die Taschenlampe an und folgte dem spärlichen Lichtstrahl. Dabei bemerkte ich, dass meine Koordination durch das Karlsbier schon gelitten hatte. Meine Augen schafften mitunter nicht, die zwei Leuchtspuren zu einer zu verbinden. Dafür funktionierte die Nase noch einwandfrei. Es roch genauso modrig wie vorne im Wirtshaus, und der Boden machte den Eindruck, dass die letzte Reinigung noch vor Kriegsende stattgefunden hatte. Gleiches galt für die gefliesten Wände, deren ursprüngliche Farbe bestenfalls noch zu erahnen war. An der Wand entlang huschten zwei Mäuse davon und verschwanden in einem Loch in der gegenüberliegenden Mauer. Noch vor dem ersten Kessel führten Stufen wieder auf eine untere Ebene mit zwei weiteren großen Behältern. Ich wunderte mich, dass die Polizei hier nichts abgesperrt hatte, glaubte mich dann aber zu erinnern, dass der Bürgermeister vom Gärbottich als Fundort des alten Karl gesprochen hatte. Und wenn mich meine Kenntnisse über die Bierproduktion nicht täuschten, dann kam der Gärprozess erst gegen Ende des Verfahrens, sodass der Bottich sich wahrscheinlich noch eine Etage tiefer im Keller befand. Ich stieg zur unteren Ebene hinunter und bemerkte, dass die Tür zum Gärkeller offen stand. Heute kann ich es nicht mehr beschwören, aber ich glaubte, den tanzenden Lichtschein einer anderen Taschenlampe zu sehen, und ich bin mir sicher, jemanden husten gehört zu haben. »Hallo«, sagte ich halblaut, »wer ist denn da?« Und dann erlischt meine Erinnerung, bis ich im Krankenhaus wieder zu mir kam.

***

»Es tut mir leid, Herr Haas, aber ich muss Ihnen dringend einige Fragen stellen.« Jemand stellte sich neben mein Bett und zeigte mir einen Dienstausweis. »Hauptkommissarin

Lamprecht. Der Herr Doktor Neukamm meint, Sie seien wieder vernehmungsfähig.«

»Im vertretbaren Rahmen«, hörte ich eine sonore Stimme, die zu einem Herrn im weißen Kittel gehörte, den ich nach einiger Konzentration neben der Tür ausmachen konnte. Neben meinem Bett befand sich ein Infusionsständer mit einer Flasche daran, deren klare Flüssigkeit durch einen Schlauch in eine Vene meiner rechten Hand tropfte.

»Selbstverständlich«, die Frau ließ sich auf einen Stuhl nieder und zückte einen Notizblock. »Können Sie zunächst Angaben zu Ihrer Person machen?« Sie war eine eher herbe Schönheit, was durch ihren mühsam unterdrückten Dialekt noch verstärkt wurde.

»Haas, Manfred«, sagte ich, »geboren am 25. September 1954.«

»Immerhin«, hörte ich Doktor Neukamm sagen.

»Beruf?«

»Architekt.«

»Wohnhaft?«

»Pichlas. Kirchgasse 5.«

»Aber noch nicht lange, oder?«

»Nein, seit ein paar Monaten.« Erst jetzt bemerkte ich die pochenden Kopfschmerzen.

»Offiziell gemeldet sind Sie aber noch in Berlin. Mommsenstraße 121, kann das sein?«

»Ja, ich ... ich habe es noch nicht geschafft, mich umzumelden.« Ich bemerkte eine sandige Trockenheit in meinem Mund. »Kann ich bitte was zum Trinken haben?«

»Warum haben Sie sich nicht ordnungsgemäß hier gemeldet?« Sie sah sich kurz um und reichte mir dann eine Schnabeltasse vom Nachttisch.

»Das schien mir nicht so eilig. Ich habe ja meine Wohnung in Berlin auch nicht aufgegeben.« Es handelte sich um einen undefinierbaren Kräutertee, den ich notgedrungen zu mir nahm.

»Sind Sie sich bewusst, dass dort mehrere Anzeigen gegen Sie gestellt wurden?« Sie zog eine Brille aus ihrer Handtasche und setzte sie auf.

»Anzeigen? Nein, davon weiß ich nichts«, log ich.

»Aber dass Sie und Ihre Firma mitverantwortlich für die Planung und den Bau des neuen Flughafenterminals waren, das wissen Sie doch noch.« Sie blätterte in ihrem Notizblock.

»Ja, ja ... wie könnte man so was vergessen«, seufzte ich, während die Kopfschmerzen nochmals stärker wurden.

»Da gibt es ein paar Probleme ... mit dem Brandschutz ...« Sie lächelte schief.

»Die aber nicht wir zu verantworten haben.« Ich versuchte mich aufzurichten, was die Schmerzen abermals verdoppelte.

»Trotzdem sind Sie untergetaucht, und Ihre privaten Konten haben Sie auch leer geräumt.«

»Ich hatte schon länger geplant, mich zur Ruhe zu setzen.« Das Bild ihres sommersprossigen Gesichts verschwamm immer wieder vor meinen Augen.

»Warum haben Sie dann nicht Ihren wahren Namen beibehalten? In Berlin kennt man Sie als Marc Lepus.«

»Das ist ja nicht mein echter Name!«

»Er steht aber in Ihrem Personalausweis.«

»Architekten sind Künstler«, versuchte ich zu erklären, »Marc Lepus ist sozusagen mein Künstlername.«

»Lepus«, hörte ich Neukamm, »lateinisch für Hase, sehr originell.«

»Genauso wie alle Molitors eigentlich Müller heißen.« Trotz meines irgendwie lädierten Gehirns war mir klar, dass ich aus dieser Nummer nicht mehr herauskommen würde. Ich sah mich schon vor jahrelangen Prozessen gegen die Länder Berlin und Brandenburg sowie die Bundesrepublik Deutschland. Während ich verzweifelt versuchen würde, den Subunternehmer in Regress zu nehmen, der das Brandschutzkonzept entwickelt hatte.

»Herr Haas, oder Lepus«, Kommissarin Lamprecht stand auf und ging zum Fußende meines Bettes, »das ist im Prinzip eine zivilrechtliche Frage, mit der wir uns nicht zu befassen haben. Ich bin hier, weil Sie unter Verdacht stehen, den Braumeister Karl Geyer ermordet zu haben.«

»Wie bitte?« Ich verschluckte mich an dem Kräutertee, und mir wurde kurz schwarz vor Augen.

»Sie sollten ihn doch nicht aufregen«, schimpfte Neukamm.

»Irgendwann muss ich doch zum Punkt kommen«, verteidigte sich Kommissarin Lamprecht, »und Sie haben gesagt, höchstens eine Viertelstunde.«

»Das gilt auch nach wie vor«, zischte der Arzt.

»Aber, aber ich ... ich habe das doch erst am nächsten Tag vom Bürgermeister erfahren«, das Bild vor meinen Augen wurde wieder unscharf. »Warum, warum sollte ich denn den alten Karl ...«

»Es könnte ja sein, dass er Sie erkannt hat«, Lamprecht kam wieder an die Bettseite und näherte sich bis auf wenige Zentimeter meinem Gesicht, »der alte Karl war ein fleißiger Zeitungsleser. Besonders diese großen Zeitungen, die den Leuten hier zu kompliziert sind. Wir haben die *FAZ* in der Gaststube gefunden, in der über Sie berichtet wurde – mit Bild!«

»Aber ich habe doch überhaupt nicht mit ihm gesprochen, seit ich da bin«, protestierte ich, »ich war bis zu dem Abend auch nicht in der Wirtschaft!«

»Der alte Karl war nicht der Bauernrammel, für den er sich gerne ausgegeben hat«, fuhr die Lamprecht fort, »der hatte sogar das große Latinum.«

»Tatsächlich?«, hörte ich Dr. Neukamm.

»Der hat wahrscheinlich auch Ihren Künstlernamen übersetzen können«, sie nahm wieder etwas Abstand, »aber das ist nicht entscheidend. Es ist nur dumm für Sie, dass Sie bewusstlos im eigentlich versiegelten Gärkeller der Brauerei gefunden wurden, in dem wir am nächsten Tag noch Blutspuren sicherstellen wollten, die eventuell von einem Täter stammen könnten.«

»Na, das ist doch großartig«, ich wunderte mich, dass mein Verstand so weit funktionierte, »dann vergleichen Sie diese Spuren mit meinem Blut, und Sie werden sehen, dass ich es nicht war.«

»Das würden wir gerne. Aber leider wurden die Spuren in dieser Nacht beseitigt«, sie nahm die Brille ab und sah mich streng an.

»Was?«

»Abgekratzt«, fuhr sie fort, »oder abgeschabt. Jedenfalls ist nichts mehr da.«

»Und … und Sie meinen jetzt, dass ich …«, meine Kopfschmerzen verstärkten sich weiter.

»Das sind nur die Indizien, Herr Haas, oder Lepus«, sie zog ein Taschentuch hervor und schnäuzte sich vernehmlich, »und bevor Sie noch etwas sagen, muss ich Sie belehren, dass Sie sich nicht selbst belasten müssen.«

»Ja, aber«, ich versuchte mich etwas aufzurichten, »aber da war ja auch noch jemand. Als ich in diesen Keller gehen wollte, habe ich was gehört und auch was gesehen …«

»Aha«, sie fixierte mich mit den Augen, »und wer oder was war da genau?«

»Ich, ich kann mich nicht erinnern«, das Nachdenken strengte mich an wie zwanzig Klimmzüge.

»Er könnte eine Amnesie haben«, sagte Dr. Neukamm, »immerhin hat er ein ordentliches Schlagtrauma am Kopf.«

»Na bitte, da haben Sie doch den Beweis, dass noch jemand dort gewesen sein muss«, wieder wunderte ich mich über meinen halbwegs arbeitenden Verstand, »oder soll ich mir vielleicht selbst eins übergezogen haben?«

»Das nicht«, die Provinzkriminalerin blätterte in ihrem Block, »aber dieser ... Schlag stammt wahrscheinlich von einem Sturz und dem folgenden Aufschlag Ihres Kopfes auf dem Boden, und somit entlastet Sie das nicht automatisch.«

»Sie sollten jetzt wirklich wieder gehen.« Dr. Neukamm nahm sie beim Arm und schob sie in Richtung Tür. »Rufen Sie übermorgen noch einmal an. Vielleicht geht's dann besser.«

»Das werde ich ganz sicher«, sie lächelte schief, löste sich vom Griff des Arztes und verließ den Raum.

»Ich werde mich doch hoffentlich bald wieder erinnern können, Herr Doktor?«, fragte ich Neukamm, der noch eine Eintragung in meiner Krankenakte vornahm.

»Wenn es nur die Kopfverletzung wäre, würde ich sagen ja, aber ...«

»Aber?«

»Sie hatten ja anscheinend auch einige Liter Karlsbier intus, und über dessen Nebenwirkungen traue ich mir schon lange keine Prognose mehr zu!«

Angela Eßer

Strohmänner

Nein, Lotte Lehmann hatte kein leichtes Leben gehabt. Auch jetzt, mit zweiundneunzig, war sie nicht auf Rosen gebettet. Das Laufen mit der Arthrose im Knie wurde immer schwerer, die Rente blieb klein, und all die vertrauten Freunde waren schon lange tot. Genauso wie ihr Mann und ihre Kinder. Sie hatte alle begraben müssen. Nur eine Enkelin war ihr geblieben. Und die lebte mit ihrer Familie in Norwegen. Doch trotz allem nahm sie jeden Tag wie das Wetter. Mal war eben Regen und mal Sonnenschein.

Sie strich mit dem Zeigefinger über das gerahmte Familienfoto und dachte nach langer Zeit einmal wieder an das Tor des Konzentrationslagers.

Arbeit macht frei.

Sie war damals jung und kräftig gewesen, und sie konnte arbeiten. Nur deshalb hatte sie überlebt. Vielleicht auch, weil sie keine Jüdin war, sondern ein Versuchsobjekt für den Lagerarzt. Von Geburt an nur vier Zehen an jedem Fuß hatte nicht jeder. Die Zehen-Lotte. Wer sie an die Nazis verraten hatte, wusste sie bis heute nicht. Sie nahm an, dass es der Hausarzt gewesen war, bei dem ihre Mutter mit ihr immer Rat gesucht hatte. Alles so lange her. Doch heute war heute. Nirgendwo ist man mehr allein als in seinen Vergangenheitswelten. Und Lotte Lehmann wollte nicht allein sein. Nicht mit ihrer Vergangenheit und auch nicht mit ihrem ganzen Misstrauen, das sie mit sich herumtrug. Gegenüber Ärzten, Versicherungsvertretern und Politikern. Vor allem gegenüber Politikern. Nur bei der Polizei machte sie eine

Ausnahme, die hatten ihr immer zugehört. Vor allem dieser eine Kommissar war in Ordnung. Dieser Herr Baumann. Den sie manchmal im *Jäger-Stüberl* traf. Der hatte ihr auch damals geglaubt, als die Sache mit den Einbrechern gewesen war. Auf der Wache hatten sie nur die Stirn gerunzelt und ihr irgend so einen blutigen Anfänger zugewiesen, der alles aufgenommen hatte. Alle anderen waren in das Nebenzimmer gegangen. Das Lachen hatte sie dennoch hören können. Aber man muss doch etwas gegen diese Einbrecher tun, hatte sie gesagt. Die wurden ja immer unverschämter. Und deshalb hatte sie auch alles dem Kommissar erzählt, im *Stüberl*. Der war mit in ihre Wohnung gekommen, hatte sich alles angeschaut und ihr geholfen. Seitdem war Ruhe. Zumindest mit Einbrechern. Die kamen seit den Kreuzen auf der Tapete auch nicht mehr wie früher durch die Wand, holten sich einfach alles und legten es dann ein paar Stunden später wieder auf ihren Nachttisch. Das war vorbei.

Heute Abend würde sie diesen Kommissar wahrscheinlich wieder im *Stüberl* sehen. Von den beiden am See würde sie ihm erzählen. Wie die sich hinter ihr in dem kleinen Biergarten unterhalten hatten, als sie die Brotkrusten an die Enten verfütterte. Und das würde sie auch heute wieder tun. Erst ein klein wenig schwimmen im Stadtbad, danach zur Tafel gehen, dann Enten füttern und zum Schluss im *Stüberl* Zeitung lesen. Und wenn der Kommissar da war, spendierte er ihr bestimmt wie immer am Freitag ein kleines Bier.

Für Lotte musste der Tag einen geregelten Ablauf haben, sonst wäre sie kein Mensch mehr, sondern eine alte Frau, die nur noch auf den Tod wartet. Und das wollte Lotte nicht. Auf den Tod warten. Sie konnte sich immer noch nützlich machen. Sei es, ein wenig dabei zu helfen, das Böse aus der Welt zu schaffen, oder bei der Tafel das Besteck abzutrocknen.

Sie nahm ihre kleine Handtasche vom Tisch und ihren Gehstock mit Regenschirm. Man musste immer für alles gewappnet sein. Und tatsächlich fing es in dem Augenblick an zu regnen, als sie das Haus verließ. Sie spannte den Schirm auf und lief langsam zur Straßenbahnhaltestelle.

Der Tag war verdammt lang gewesen. Erst die komplizierte Einsatzbesprechung mit dem neuen Kollegen, das stundenlange Aktenlesen, überfällige Berichte schreiben und dann noch der Beratungstermin im Seniorenclub. Diese elenden Trickbetrüger, die den Alten das Geld aus der Tasche zogen, wurden in der letzten Zeit immer jünger, vor allem immer dreister.

Tim Baumann fühlte sich ausgelaugt und gleichzeitig in Hochstimmung. Heute war Freitag. Wenn er keine Bereitschaft hatte, ging er ins *Jäger-Stüberl*. Gewohnheitsmäßig. Sein zweites Zuhause. Eigentlich hieß es jetzt ja *Bei Joe*. Aber für ihn war es immer noch das *Jäger-Stüberl*. Punkt. Die Leute waren ja auch immer noch dieselben, daran hatte der andere Name nichts ändern können. Hartmut, Maschinen-Willi, Klausi-Bär, Lenny und Hannes, der Wirt. Der alles über die Gegend wissende Wirt. Hannes hieß genau genommen Johannes, daher auch der neue Name fürs *Stüberl*. Man muss mit der Zeit gehen, hatte der damals gesagt. Drei neue Lampen über der Theke aufgehängt, das Schild geändert und in den Toiletten Seifenspender montiert. Ansonsten war alles wie früher. Auch der Geruch vom *Stüberl*. Nikotinkleister an den Wänden, jahrzehntelang mit Liebe genährt, verschwindet nicht mit einem Rauchverbot in Kneipen oder mit neuen Lampen. Nur auf den Toiletten, da roch es jetzt nach grünen Äpfeln.

Aber sonst war alles wie immer am Freitagabend. Auch Zehen-Lotte saß wie immer am hinteren Tisch und las die Tageszeitung. Hier kostete sie nichts. Und wenn sie hier im *Stüberl* war, musste sie zu Hause auch nicht die Heizung andrehen. Er wusste, dass die alte Frau von der Hand in den Mund lebte und weder Wohngeld noch sonst eine städtische Hilfe annahm.

Irgendwer hatte ihm einmal die Geschichte von Lotte Lehmann erzählt. Ob das alles stimmte, konnte er nicht sagen. Er hatte sie nie danach gefragt. Sie saß einfach nur immer in der hinteren Ecke und trank einen Tee. Den ganzen Abend lang. Er glaubte, dass Hannes ihr den hinstellte und nichts dafür verlangte. Zehen-Lotte gehörte zum *Stüberl* einfach dazu. Und er bestellte jeden Freitag ein kleines Bier für sie. Sie prosteten sich zu, und danach las Lotte weiter Zeitung. Manchmal winkte sie ihn zu sich und diskutierte mit ihm. Über volle Arztwartezimmer, in denen ihrer Meinung nach lauter gesunde Menschen saßen, über kriminelle Jugendliche, über Politiker. Vor allem über Politiker. Die alle was zu verheimlichen hatten. Die nie die Wahrheit sagten. Die alle nur bis zur nächsten Wahl dachten. Und meistens entließ sie ihn mit energischen Worten, was er der Bundeskanzlerin ausrichten sollte, wenn sie nicht deren Ansicht war. Denn die Polizei war für die Lotte Lehmann quasi der verlängerte Arm der Bundesregierung. All das, was sie als Bürgerin dem jeweiligen Regierungschef oder Kabinett zu sagen hatte, gab sie ihm, Baumann, mit auf den Weg, in der festen Überzeugung, dass er derjenige war, der der Regierung die Leviten las.

»Strohmänner!«, sagte Lotte, als er mit dem kleinen Bier an ihren Tisch kam. »Ich habe es doch immer schon gewusst. Lauter Strohmänner!«

Baumann setzte sich auf einen Stuhl und reichte Lotte das Bier.

»Diese elenden Politiker. Alle gekauft«, fuhr sie fort.

Okay, dachte Baumann, das wird jetzt wieder mal ein längeres Gespräch, und es wird wieder mit einem Machtwort an die Kanzlerin enden.

»Ich habe es mit eigenen Ohren gehört. Die sind alle Spione, wie damals dieser Guillaume bei Brandt, erinnern Sie sich noch?«

Baumann nickte.

»Nur heute merkt man es nicht so schnell. Obwohl sie doch eigentlich hätten stutzig werden müssen, als das mit dem Handy von der Kanzlerin war. Das war ganz klar ein Zeichen. Alles Spione. Der Steinmeier oder der Altmaier, das habe ich nicht so genau verstanden, aber einer von den beiden auf jeden Fall. Also dem Altmaier hätte ich das ja zugetraut, aber dass der Steinmeier auch ...«

Baumann runzelte die Stirn und verstand jetzt Lottes Gedankengänge nicht wirklich.

»Beim Entenfüttern habe ich sie gehört. Zwei Männer und eine Frau, wie sie über den Altmaier ... oder eben Steinmeier gesprochen haben, und dass der eben ein Strohmann ist. Von welchem Land, das konnte ich leider nicht verstehen, denn die haben ja geflüstert. Mich hat auch gewundert, dass sie so ungeniert Deutsch gesprochen haben, aber vielleicht stecken ja noch ganz andere dahinter.«

Sie schaute Baumann dabei an und hob die Augenbrauen.

»Ausgesehen wie Agenten haben die nicht wirklich. Sie wissen schon, so wie der aus dem Fernsehen ...«

»Bond?«, fragte Baumann.

»Genau. Die hatten Jeans und Pullover an. Tarnung, ganz klar. Der eine einen blauen und der andere einen schwarzen. Und jung waren die auch. Beschreiben kann ich die zwei ganz genau. Beide groß. Der eine dünn und der andere hatte einen Bauch.«

Sie deutete mit ihren Händen die Größe an. »Und beide hatten dunkle Haare. Die Frau, die dann später dazukam, hatte blonde, lange Haare, und jetzt kommt's. Was glauben Sie, wen die dann noch genannt hat?«

Baumann zuckte mit den Schultern.

»Die von der Leyen! Bei der habe ich immer schon auch den Verdacht gehabt, dass die nicht ganz koscher ist ... und als die Frau wieder weg war, haben die ganz klar und deutlich gesagt, dass es um Geld geht. Viel Geld. Und dass es morgen losgeht. Morgen, verstehen Sie?«

Lotte hob warnend ihren rechten Zeigefinger. »Morgen werden auf jeden Fall diese Strohmänner zuschlagen! Da ist ganz gehörig was im Busch!«

Jetzt wird es Zeit für das Machtwort, fand Baumann.

»Sagen Sie der Bundeskanzlerin, dass sie die unbedingt unter die Lupe nehmen soll, und bloß nichts Vertrauliches mehr an diese Verräter! Obwohl«, sie machte eine kurze Pause, »die wird bestimmt immer noch abgehört. Mit Wanzen. Am besten, Sie reden mit dem Bundespräsidenten, aber nicht am Telefon.«

Sie machte noch einmal eine kurze Pause und schaute gedankenverloren auf ihr kleines Bierglas, das sie noch nicht angetastet hatte. »Oder was meinen Sie? Ob der auch ein Spion ist?«

Hannes kam mit einem frischen Bier an den Tisch, stellte es vor Baumann und klopfte ihm aufmunternd auf die Schulter. Aus den Lautsprechern plärrte T. Rex.

Ohne sein *Stüberl*, stellte Baumann in dem Augenblick fest, würde ihm in seinem Leben etwas fehlen. Er mochte jeden Einzelnen hier. Und sein Bier. Aber Lotte war dann doch an manchen Freitagen ...

»Mit einem alten Kadett sind die dann weggefahren.«

»Mit einem alten Kadett?«, fragte Baumann.

»Hellblau – genauso einer, wie ihn mein Mann gehabt hat, deswegen weiß ich das. Mit Autos habe ich es nicht so, aber den kenn ich.«

Baumann stand auf. »Ich kümmer mich drum, Frau Lehmann. Versprochen.«

Und Lotte wusste, dass dieser Kommissar sein Wort halten würde.

Samstags hatte Baumann einen festen Tagesablauf. Morgens zur Müllstelle und einkaufen. Eine Runde joggen, ein bisschen im Garten werkeln, eine Kleinigkeit essen und dann ein Nickerchen auf der Couch, bis es Zeit für die Sportschau war. Aber an diesem Morgen stimmte einfach nichts. Die Müllstelle war zu, da irgendwo irgendeine Betriebsversammlung dieser Müllsortierer war. Völlig verloren stand er mit den Überresten seines Alltags – von Pizzakartons bis Joghurtbechern – als Einziger vor verschlossenen Toren. Alle in dieser verdammten Stadt hatten die Scheißinfo mitbekommen, nur er eben nicht. Beim Joggen fing es an, wie aus Kübeln zu schütten, und alle Aktivitäten im Freien waren damit sofort ad acta gelegt. Und als er sich gerade einen Espresso machen wollte, blickte er aus dem Küchenfenster und sah, wie ein alter, blauer Kadett vorbeifuhr. In dem zwei junge Männer mit dunklen Haaren saßen. Lotte, Lotte, dachte er, was du da wohl nur gehört hast. Wahrscheinlich haben sich die zwei über das nächste Fußballspiel oder eine angesagte Diskothek unterhalten. So wie die zwei aussehen, ist Politik für die nicht nur ein Fremdwort, sondern wahrscheinlich eine spezielle Form von ansteckendem Hautausschlag.

Baumann schüttelte den Kopf, schaute dennoch weiter aus dem Fenster und konnte beobachten, wie die Männer das Auto parkten und miteinander sprachen. Kurze Zeit später stiegen sie aus, und Baumann sah, dass sie Blaumänner mit einem Firmenemblem anhatten und jeder eine große Reisetasche in der Hand hielt. Er wollte noch das Fenster öffnen und ihnen zurufen, dass sie – warum auch immer – ihr Auto nicht abgeschlossen hatten, ließ es aber. Und musste fast seine Nase an der Scheibe platt drücken, um sehen zu können, welches Ziel die beiden hatten. Vor der kleinen Villa am Ende der Straße blieben sie stehen, sprachen wieder miteinander und holten etwas aus ihren Taschen, das Baumann nicht erkennen konnte. Kurz danach verschwanden die beiden seitlich am Haus, dort wo die Eingangstüre von einem großen Eichenbaum verdeckt war. Wie hieß diese Frau noch mal, die dort wohnte? Ihm fiel der Name nicht mehr ein. Und dann machte es in seinem Hirn laut und deutlich KLACK. Eine Information fügte sich zur anderen, so wie ein Häkchen ins andere. Die steinalte Meyer – *Altmaier-Steinmeier*! Die Strohmänner! Wahrscheinlich stellten sich die zwei als Leute von der Stromversorgung vor und wollten Zähler ablesen oder an Stromleitungen irgendetwas überprüfen. Aber die Leute von der Stromversorgung kamen definitiv nicht in einem alten, blauen Kadett. Und vor allem nicht in so einem Blaumann mitsamt Reisetasche.

Baumann spurtete los. Kam an der Haustüre der Villa an, die nur angelehnt war. Schlich sich vorsichtig durch den Flur und hörte, wie quietschende Schranktüren aufgemacht, Schubladen aufgezogen und durchwühlt wurden. Gedämpfte Stimmen. Undefinierbares Rumpeln. Das Quietschen von Gummisohlen auf Parkettboden. Vorsichtig schob Baumann die Türe zum Wohnzimmer einen Spalt auf. Sah die alte Meyer bewegungslos auf einem Stuhl sitzen. Gefesselt, den Mund mit einem Klebeband verschlossen. Die zwei Männer in den Overalls mit Nylons über dem Gesicht. Er atmete tief ein, hielt dann die Luft an. Mit zwei Schritten war er beim ersten Einbrecher und verpasste ihm eine satte Rechte. K. o. Weiter im Text. Der andere drehte sich überrascht um, ging zum Angriff über und sah allerdings binnen Sekunden ebenfalls ein Karussell aus hübschen Sternbildern.

Alles andere war Routine. Baumann zog der alten Frau das Klebeband vom Mund, tätschelte ihr die Wangen und redete leise auf sie ein. Rief die Zentrale an. Innerhalb der nächsten halben Stunde waren zwei Einbrecher in Gewahrsam und eine kleine, alte Dame im Krankenhaus.

Lotte, Lotte, dachte er, wenn ich dich nicht hätte. Ein Rätsel blieb allerdings. Die Frau von der Leyen. Aber auch das würde er noch herausfinden, welche Rolle die bei alledem gespielt hatte. Er grinste. Hauptsache die Strohmänner waren hinter Gittern. Und die hatten, wie er mittlerweile erfahren hatte, tatsächlich noch ein bisschen mehr auf dem Kerbholz als den Einbruch bei der alten Meyer.

Ausnahmsweise ging Baumann am Samstagabend ins *Stüberl*. Ein Extrabier für Lotte, das hatte sie sich mehr als verdient. Sie würde ja, wie jeden Tag, dort sein. Aber der Platz am hinteren Tisch war frei. Fragend schaute er zu Hannes und zeigte dabei auf Lottes Stuhl. Wortlos nahm Hannes eine Flasche aus dem Regal, schüttete ihm einen Schnaps ein und zapfte ein kleines Bier.

»Eingeschlafen. Heute Nacht. Ganz friedlich.«

Baumann nahm den Schnaps und das kleine Bier. Sagte nichts, sondern ging langsam an Lottes Tisch, setzte sich auf denselben Stuhl wie am Abend zuvor und prostete einer toten Frau zu.

»Vielleicht hätte ich dir manchmal besser zuhören sollen, du wunderbare Lotte.«

Peter Freudenberger
Giftpils

Seidel schrie auf vor Schmerz. Er hatte versucht, den angewinkelten Arm unter der Brust hervorzuziehen und auszustrecken, doch die Muskeln gehorchten ihm nicht. Stattdessen steigerte sich das grelle Brennen in allen Fasern seines Körpers ins Unerträgliche.

Er lag auf dem Bauch, den Kopf zur Seite gedreht. Sicher waren einige Rippen gebrochen. Wenn er Luft holte, fuhr ein Stich durch seine Brust, als bohrte jemand ein Messer hinein. Doch da war niemand mehr. Er lauschte. Außer dem Pfeifen seines Atems und dem Plätschern von Wasser war nichts zu hören.

Seine Augen waren verquollen, vorsichtig öffnete er sie ein wenig. Rings um ihn herrschte tiefe Finsternis, durch die sich weißliche Nebelfäden zogen. Das Einzige, was er erkennen konnte, weil es sich nur eine Handbreit von seinem Gesicht entfernt erhob, war das Gitter eines Tores, von verwittertem Sandstein eingefasst. Eine Ruine. Dem Gitter nach war es die Ruine des Heilig-Grab-Klosters, das einst unmittelbar vor der Stadtmauer Aschaffenburgs an der Straße nach Würzburg gestanden hatte. Auch das Plätschern passte dazu: Die Klosterruine war heute Teil des Parks Schöntal und von einem Teich umgeben, dem früheren Wassergraben.

Seidel kannte den Ort, schon aus beruflicher Neugier. Hier hatten die Mönche das erste Bier der Stadt gebraut, bevor das Kloster endgültig zerstört worden war. Angeblich im Markgrafenkrieg 1552, doch Seidel zweifelte daran.

Kaum mehr als dreißig Jahre nach dem Erlass des Reinheitsgebots brennt das Kloster nieder – das legte einen anderen Verdacht nahe. Er ahnte, was sich hier zusammengebraut hatte: etwas Gefährliches.

Warum hatten sie ihn hierhergebracht? Es gab nur eine Erklärung: Der Park war nachts fast völlig unbelebt, zumindest in dieser Jahreszeit. Nur im Hochsommer trieben sich in den dunklen Nischen hinter den Büschen Liebespaare herum. Wahrscheinlich hatten ihn seine Peiniger für tot gehalten und hier abgelegt, damit er vor dem Morgen nicht gefunden wurde. Was seinen Tod betraf, hatten sie sich geirrt. Dennoch würde er diese Höllenqualen kaum bis zum Morgen durchstehen. Er spürte, wie ihn die Kraft verließ.

Wer waren sie? Seidel suchte in seinem Gedächtnis hinter der pochenden Stirn, doch sie schienen nicht nur die Lebenskraft, sondern auch die Erinnerung aus ihm herausgeprügelt zu haben. Fast sah er ihre Gestalten wieder vor sich, aber dann entglitt ihm dieses Bild in die Nacht und den Nebel. Es gab zu viele, die ihn hassten und ihm nach dem Leben trachteten, seit er im Gewerbeaufsichtsamt über das Reinheitsgebot zu wachen hatte.

Die Anfeindungen kamen nicht nur von den örtlichen Brauereien, die sich in ihrer Existenz bedroht glaubten, weil er sie daran hinderte, auf allen möglichen und ungewöhnlichen Geschmackswellen der Biertrinker mitzuschwimmen. Erst hatten sie ihn mit Geschenken umstimmen wollen: Biergutscheine, Partyfässer, Sammlerkrüge. Doch da kamen sie bei ihm an den Richtigen! Seidel vertrug kein Bier, folglich kam er gar nicht erst in Versuchung, sich damit bestechen zu lassen. So wurde ihr Ton zunehmend ruppiger. Es kam zu offenen Beleidigungen, der Spottname »Giftpils«, den sie ihm angehängt hatten, war noch die geringste. Nachts riss ihn anonymer Telefonterror aus dem Schlaf. Es brachte ihnen nichts, die Stimme zu verstellen. Er kannte sie. Die professionellen Brauer sprachen alle Oberbayerisch, den Dialekt der alten Bierhochburgen, die bis heute die Gär- und Nährbecken für die Experten des Brauwesens geblieben waren.

Schlimmer noch waren die privaten Biersieder, die heimischen, die das Brauhandwerk nie gelernt hatten. Der Markt brodelte. Es herrschte eine Aufbruchstimmung, die sich allenfalls mit dem Pioniergeist jener Zeit vergleichen ließ, als das Internet noch in den Kinderschuhen steckte. Jede Garage schien sich neuerdings in eine Bierküche zu verwandeln. Hier waren nicht mehr Experten am Werk, sondern Exoten. Folglich hatten die wenigsten dieser Panscher etwas vom Reinheitsgebot gehört. Denen war jedes Mittel recht, Hauptsache, es gab dem gräulichen Gebräu einen Geschmack, der das Publikum verblüffte – sonst hätte sich vermutlich kein Tropfen davon verkaufen lassen. Oft genug musste Seidel ihnen den Zapfhahn zudrehen. Dann kam zum ruppigen Ton noch ein rüpelhaftes Benehmen. Sie stachen ihm die Autoreifen kaputt. Oder sie spritzten ihm Buttersäure vor die Haustür. Davon schienen die reichlich zu haben.

Aber so weit wie diesmal war noch niemand gegangen. Bisher war er immer heil davongekommen.

Seidel stöhnte. Sein Kopf blutete, wahrscheinlich aus einer Wunde über der Schläfe, auf der er lag. Er roch das Blut, das sich im Kies unter seiner Wange sammelte. Seidel schloss die Augen. Doch sofort schien sich der Boden zu krümmen, und er riss sie angsterfüllt wieder auf. Ein Vorzeichen des nahen Todes. Wie viel Zeit blieb ihm noch?

Wer hatte ihm das angetan? Vage glaubte er, sich zu erinnern. Hatte er nicht die Brauerei kontrolliert, die den

Namen des Heilands trug? Vielleicht war es auch an einem anderen Tag gewesen. Sein Zeitgefühl hatte ihn ebenso verlassen wie die Erinnerung und der Lebensmut.

Aber es konnte passen. Die Brauerei lag nur einen Steinwurf von der Klosterruine entfernt auf der anderen Seite der Stadtmauer. Nichts war leichter, als ihn von dort ungesehen durch die Mauerpforte hinter der Eich in den Park zu schaffen. Und die Brauerfamilie gehörte zu seinen ärgsten Feinden. Das Grundstück in der Altstadt bot keinen Platz mehr, die Sudhallen zu erweitern. Also wollten sich die Inhaber auf kleinere Mengen beschränken und im Gegenzug auf ein ungewöhnliches Craft Beer spezialisieren. Der Sud sollte mit Haferflocken, Honig und Kaffee versetzt sein. Frühstücksbier. Angeblich der letzte Schrei in den USA, der auch hierzulande ein lukratives Geschäft verhieß: mit gutem Gewissen schon morgens Bier genießen. Unter dem alten christlichen Brauereinamen ließ sich das sicher zu sündhaft teuren Preisen verkaufen.

Seidel durfte das nicht zulassen. Schon der Gedanke daran ließ ihn erschauern, was den Schmerz in seinem Körper erneut explodieren ließ. Nicht er war der Giftmischer, auch wenn ihn die anderen als »Giftpils« verhöhnten. Er wurde doch nur giftig, wenn jemand ins Bier panschte, was nach dem Gesetz nicht hineingehörte. Er war der Wahrer der Tradition, von Recht und Ordnung.

Die Menschen zu schützen, das war das Wesen des Reinheitsgebots seit einem halben Jahrtausend. Es sollte den Quacksalbern das Handwerk legen, die damals alles in die trübe Brühe gerührt hatten, was irgendeinen Geschmack, irgendeine Farbe absonderte. Ruß. Kreide. Ochsengalle. Tollkirsche. Die Zehen von Verstorbenen, bevorzugt von Gehenkten. Bier war damals als Getränk fast so gefährlich wie Wasser.

Heute schien das alles von vorne loszugehen, verbrämt mit der Schaumkrone angeblicher Spezialbiere. Doch Kaffee, Haferflocken und Honig? Der Blick des Prüfers musste schon arg getrübt sein, um das mit dem Reinheitsgebot in Einklang zu bringen. Orangenschalen und Muschelgranulat? Echte Abfallprodukte! Pfirsich oder Birne für Plörren wie Peach Ale oder William's Beer? Koriander, Kirsch- und Gurkensaft? »Kreative Kompositionen« nannten sie das. Er nannte es einfach nur eklig. Bier hatte nichts weiter als ein Rauschmittel zu sein, billig und ehrlich. Das ließ sich im Labor nicht zum Lebensmittel aufpeppen, schon gar nicht durch die Beigabe von Salz oder Chili. Gut, Rohrzucker und Farbstoffe waren sogar schon offiziell erlaubt – da waren ihm die Hände gebunden.

Bei diesem Gedanken wurde sich Seidel schlagartig seiner qualvollen Lage bewusst. Wieder tauchte das Bruchstück einer Erinnerung auf, wie Treibgut, das an die Oberfläche eines Ozeans aus Schmerz ploppte. Er hatte sich selbst hierhergeschleppt, nicht sie hatten es getan. Sie hatten begonnen, ihn zu foltern. Doch in einem unbeobachteten Moment war er ihnen entkommen. Auf allen vieren war er im Schutz der Dunkelheit in den Park gekrochen, um sich in der Klosterruine zu verstecken. Er wollte hier nicht elendig verrecken, diesen Gefallen würde er ihnen nicht tun. Er musste sich retten – aber wie? Denk nach, Seidel, denk nach!

Er schloss die Augen. Sofort begann der Boden wieder, sich zu krümmen. Er versuchte es zu ignorieren. Doch nach und nach geriet der gesamte Raum um ihn herum aus den Fugen. Seidel hatte das Gefühl zu stürzen. Alles Blut schien ihm ins Hirn zu schießen, abermals schrie er vor Qual. Fliehkräfte zerrten an ihm, die stärker waren als die Schwerkraft. Er lag auf festem Grund, konnte nicht hindurchfallen. Nein, er stürzte durch eine andere Dimension: durch die Zeit. Und plötzlich erreichte die Krümmung des Raumes den Grad, an dem sich Vergangenheit und Gegenwart berührten.

Seidel schlug die Augen auf. Der Nebel hatte sich in beißenden Qualm verwandelt, Feuerblitze erhellten die Nacht. Flammen loderten aus den Fenstern in der Fassade über ihm. Er hörte das Toben der Horden, die auf das Kloster einstürmten. Bald würden sie die Brücke erreichen, an deren Ende er lag. Er war ausgesperrt, ihnen ausgeliefert. Panisch pochte er mit der freien Hand gegen das Tor, doch niemand öffnete ihm.

Die Menschen schrien durcheinander, es war ihm nicht möglich, einzelne Sätze herauszuhören. Doch Seidel verstand. Er sah. Im Rhythmus der Flammen zuckten Bilder durch sein Blickfeld. Bilder von entsetzlich entstellten Menschen, von Frauen, die sich in Krämpfen auf dem Boden wälzten, von Männern mit gelber Haut und blutunterlaufenen Augen, von Kindern mit Schaum vor dem Mund. Bilder von geschwollenen Gliedern und aufgedunsenen Gesichtern. Über die Bilder legte sich ein widerwärtiger Gestank. Es roch nach Schweiß und Schleim, Eiter und Erbrochenem, Fäulnis und Fäkalien.

Und er, Seidel, kannte die Ursache all dieser Übel: gepanschtes, unreines Bier. Das Bier, das hinter diesen Mauern gebraut wurde. Die Mönche hatten den Menschen der Stadt einen heilsamen, haltbar gemachten Trank versprochen, doch was die Becken und Bottiche dieses Klosters hervorbrachten, machte krank, war weniger genießbar als das verdorbene Wasser. Es war pures Gift. Dem einfachen Volk blieb nur die Wahl, zu verdursten oder unvorstellbare Qualen zu durchleiden.

Das Schreien, Kreischen und Heulen schwoll immer mehr an, die aufgebrachte Menge kam näher. Die Menschen hatten es satt, sie waren des Leids überdrüssig, das ihnen in der Alchemistenküche dieses Klosters zubereitet wurde. Sie forderten das bayerische Reinheitsgebot für die Stadt, wenn sie auch zum Kurstaat Mainz gehörte. Seidel wusste, was bevorstand, als wäre er dabei gewesen, als es passierte: Der Mob würde das Kloster der Vorstadt niederbrennen, um der Drangsal ein Ende zu bereiten. Später würden die Erlösten auf der anderen Seite der Stadtmauer eine neue Brauerei errichten und ihr den Namen des Heilands geben. Den Namen des Erlösers.

Seidel lächelte. Er hatte es immer geahnt: Es waren keine feindlichen Truppen, die das Kloster zerstört hatten. Es waren die Bürger der Stadt selbst. Er seufzte. Oh, dass er den Beweis seines Verdachts noch erleben durfte!

Die ersten Heranstürmenden erreichten ihn. Überrascht hielten sie inne, als schreckten sie vor ihm zurück. Das flackernde Licht offenbarte Furcht und Feindseligkeit zugleich in ihren Gesichtern unter den Helmen. Das Geschrei verhallte, mit einem Mal war die Nacht totenstill. Da verstand Seidel noch etwas anderes: Sie wollten nicht nur das Kloster vernichten. Sie wollten auch ihren Peiniger lynchen. Den Bruder dieser Gemeinschaft, der fürs Brauen zuständig war.

Der Anführer trat einen Schritt auf Seidel zu und beugte sich über ihn. Dann wandte er sich der Menge zu und rief: »Do leit er! Mim Gsicht in de Kotze. Schafft en bloß fort.«

Seidel erstarrte. Hielten sie ihn für den Bierpanscher? Und wieso Kotze – sahen sie nicht, dass er blutete?

Die Vordersten drangen auf ihn ein und packten ihn. Er wollte sich wehren, während sie ihn johlend über die steinerne Brücke trugen, doch die Übermacht war zu groß, er hatte keine Kontrolle über seine Glieder. Jenseits des Wassergrabens begannen sie, ihn auf eine Art Bahre zu binden, scharf schnitten ihm die Riemen in Arme und Beine, als er sich loszureißen versuchte. Offensichtlich sollte das hier das Letzte sein, was er erleben durfte.

»Ich will nicht sterben«, wollte er flehen. Doch die Stimme versagte. Er brachte nur die Silben »ster-ben« hervor.

»So weit isses noch nit«, hörte er den Anführer sagen. Der Mann war offensichtlich kampferprobt, er trug das Ritterwappen des Malteserordens auf seiner Brust. »Mer hamm dich stundenlang gsucht, jetzt wern mer dich noch nit glei sterbe lasse.«

Sie wollten ihn foltern. »Was …«, schrie Seidel.

»Du hast widder mol zu viel gsoffe im *Heylands-Bräustübche*. Und dann biste ääfach fortgerennt. Debei wääßte doch, dass de kää Bier verträächst.«

Zwei Sanitäter hoben die Bahre an und trugen sie im Laufschritt zum Rettungswagen. Das grelle Licht der Stablampen erstarb, das zuckende Flackern auf der Fassade der Klosterruine verblasste, als sich der Sanka entfernte.

Zurück blieb ein einzelner Mann. »Ja griaß God«, sprach er in die Nacht hinein, »dea debbade Debb hat a Pilsvergiftung. Mit meim Breckfast-Bia war eam dees fei need g'scheng. Ja, druck de, Giftpils.«

Tommie Goerz
Ahmoll bringinern nu umm

»Ich bring ihn noch um. Eines Tages bring ich ihn noch um!«

Man muss sich das gesprochene Wort in dieser Geschichte in breitem, ja breitestem, so gemütlich klingendem – aber nur so klingendem! – Fränkisch vorstellen. Wie dickflüssiges Starkbier, etwa ein undurchsichtiger dunkler Urbock. Nur so entspricht es dem Tempo und der Wirklichkeit. Also ungefähr so:

»Ihch bringnern umm. Ahmoll bringinern nu umm!«

Nur *noch* langsamer.

Aber so kann man nicht schreiben – beziehungsweise: Klar, als Autor könnte ich natürlich so schreiben, aber kein Mensch könnte oder wollte das dann lesen, denn er bräuchte dafür zu lange und es passte nicht in sein Zeitbudget. Oder es strengte ihn zu sehr an, er müsste sich zu sehr konzentrieren – und dann legte er die Geschichte weg. Auch wenn er es vielleicht bereuen würde, aber das weiß er ja zu Anfang nicht. Deswegen geht es jetzt hier schön gesittet auf Hochdeutsch weiter und zu, aber damit leider auch viel zu schnell. Auf Fränkisch ginge in der Geschichte alles seeehhr viiiel langsamer. Laangsaaamer.

Sei's drum.

Mörtel genoss schon seit hundert Jahren bei der Mari in der Wirtsstube hinten im Eck im schönen Halbdunkel seinen Ruhestand vor sich hin, dienstags bis sonntags, weil montags war Ruhetag, da wurde geschlachtet und die Herrschaft hatte für Gäste keine Zeit, sie musste wursten und Fleisch klein schneiden für Schnitzel für die Woche und so. An allen anderen Tagen aber saß Mörtel dort und genoss mit einer an ein Naturgesetz mahnenden Regelmäßig- und Verlässlichkeit von früh um zehn bis abends um fünf, manchmal auch sechs Uhr nahezu bewegungslos seine sechs, sieben Seidla; das ist jetzt kein Dialekt, sondern die heißen so und wären mit »Seidel« nicht richtig übersetzt. Denn »Seidla«, das sind die alten, dünnwandigen, hohen und henkellosen Einhalbliter-Biergläser, und ein Seidla ist immer das Glas *mit* Bier, während ein Seidel nur eine Maßeinheit und damit nichts wert ist. Und am Abend ging er wieder schräg über die Straße hinüber in das alte, etwas heruntergekommene Haus in sein Zimmer, um dort erst die Wand und später die Zimmerdecke mit ihren schwarzen Spinnfäden anzusehen, bis die Erinnerungen gingen und der Schlaf kam. Und die Erinnerungen kamen immer öfter, und das war nicht gut. Es waren keine guten Erinnerungen. Der Mörtel saß also so vor sich hin und schwieg, und in seinen Kopf, da konnte man nicht hineinsehen. Kein Mensch außer dem Mörtel wusste, was sich da tat.

Im Grunde war dies das Leben, das er selbst gewählt hatte. Und auch wenn er zutiefst überzeugt war, dass man keine Wahl hat, war er, unlogisch genug, trotzdem davon überzeugt, eine gute Wahl getroffen zu haben. Denn mit sechs, sieben Seidla am Tag wurde die Welt doch halbwegs schön und erträglich ...

... solange diese kleine wichtigtuerische, nervige Stinkwanze mit ihrer grün gefärbten Haartolle nicht hier hereinkam und sich auch noch an seinen Tisch setzte ...

In diesem Moment aber ging die Tür auf, knarzte, und? Die kleine wichtigtuerische, nervige Stinkwanze mit ihrer grün gefärbten Haartolle kam herein. Also wieder so ein versauter Tag – was umso schlimmer war, als sich die Anzahl seiner Tage nach hinten raus ohnehin immer weiter verringerte. Wahrscheinlich gestaltete sich die für ihn noch zu erwartende Restzahl auch schon recht übersichtlich, aber das konnte keiner wissen. Und das gehörte auch mit zum Spiel: dass man erstens nicht wusste, wie lange das noch so gehen würde, und dass man zweitens nicht wusste, was dann danach kam und wer. Also wen man dann vielleicht alles wiedersehen oder wiedertreffen würde. Das machte ihm schon manchmal Angst. So trank er hier unten auf der Erde, wo er sich halbwegs auskannte, seine Seidla, wusste bei keinem, ob es nun schon das letzte war, und auch nicht, ob er sich derer noch in größerer Zahl würde erfreuen können. Beim alten Wischer war das genauso gewesen damals. Jetzt aber kam erst einmal diese Grünlocke mit den hochstehenden Haaren herein und wollte ihm bestimmt wieder etwas vom Leben erzählen. *Ihm!* Der hatte noch nichts erlebt, als dass man ihm den Arsch abgewischt und das Essen hingestellt hatte, der wohnte doch noch bei seiner Mutter, der arbeitete ja nicht einmal etwas. Kein Wunder, bei diesem Aussehen. So wollte den doch keiner haben. Aber tönte hier groß herum vom Leben, wollte ihm etwas erzählen, der Grünschnabel. Seit Wochen schon kam dieses nervige Stück Spätpubertät hier herein, setzte sich zu ihm – an *seinen* Tisch! –, fragte nicht einmal, sondern tat das, als sei es das Selbstverständlichste der Welt, schüttete sich innerhalb kürzester Zeit zwei, drei Bier in das Loch unter der Nase, war dann besoffen und dachte, klugscheißen zu müssen. Auf großen Mann zu machen. Und machte dazu auch noch immer an diesem kleinen Ding herum, mit dem die heute alle telefonierten, Musik hörten, fotografierten und was weiß Gott noch alles. Mörtel verstand das ja alles nicht, aber er brauchte es auch nicht zu verstehen, er hatte es beinahe fünfundsiebzig Jahre lang nicht gebraucht und würde es bis an sein Lebensende auch nicht mehr benötigen. Internet – er wusste gar nicht, was das war. Aber Erinnerungen – das wusste er, was das war. Und auch, dass die, obwohl sie schon längst vergessen gewesen waren und gut aufgeräumt schienen, so plötzlich wieder hervorkamen und einen quälten. Tagsüber ging das ja meistens, da hatte er das Bier und die Stube und die Mari. Aber nachts kamen die Erinnerungen wie die bösen Geister. Dann konnte er die nur ertragen, denn fliehen konnte er ja vor ihnen nicht. Sie würden ihn doch immer wieder einholen.

Zwei Tage war der jetzt nicht mehr da gewesen, und der alte Mörtel hatte schon gehofft, es werde wieder so wie früher und er könne in Ruhe vor sich hin sitzen und seine Seidla trinken, schön eins nach dem anderen, und hoffen, dass abends die Bilder nicht kamen, da ging die Türe auf und herein kam? Genau: die grün gefärbte Haartolle mit der Dummheit im Gesicht.

»Bangg« sei das, also Punk, und das sei englisch, hatte er einmal erzählt, als der Mörtel so dumm gewesen war, ihn danach zu fragen. Nach seinen grünen Haaren und warum die so hochstanden und was das sollte. Nur – dann hatte diese kleine Rotznase erzählt und erzählt und erzählt und gar nicht mehr aufgehört, und am Ende hatte der Mörtel abends um sechs neun Bier gehabt, zwei mehr als das Maximum sonst, anders hätte er das nicht ausgehalten. Und dieses Grünhaar hatte gemeint, jetzt wäre er sein Freund. Mörtel war danach völlig benommen und besoffen über die Straße geschwankt, dass es ihm selber peinlich war, und ein Auto hätte ihn fast überfahren. Auf jeden Fall hatten die Reifen gequietscht, der Fahrer hatte angehalten und geschimpft, und der hatte ja recht. Er hatte einfach nicht Obacht gegeben, nicht links und nicht rechts geschaut, wie man es schon den kleinen Kindern beibringt, sondern war, besoffen, wie er war, einfach so auf die Straße getorkelt, nein: geschlingert. Ein Wunder, dass er noch lebte, der hätte ihn auch sauber über den Haufen fahren können. Und das alles nur wegen dem »Bangg«. »Bangerd« hat man früher gesagt, das waren die, die der Esel im Galopp verloren hatte, die man »aus dem Tümpelteich gefischt« hatte und für die es keinen Vater gab. Weil der sich davongemacht oder die Frau es mit jedem irgendwie dings hatte und nicht sagen konnte, wer jetzt der Vater war. Das war ein Bangerd. Aber ein Bangg?

»Ihch bringnern umm. Ahmoll bringinern nu umm!«

Was dachte er denn da überhaupt für einen Unsinn, lauschte er seinen Gedanken nach: »Ahmoll bringinern nu umm!« Einmal bringe ich ihn noch um? Wie denn: noch einmal? Hatte er ihn denn schon einmal umgebracht? Auf Hochdeutsch wird die Sprache ungenau. Er sprach viel lieber in seiner.

Der Bangerd setzte sich tatsächlich wieder zu ihm! Dabei war doch das ganze Wirtshaus leer! Überall wäre Platz für den! Grüßte ihn wie einen alten Kumpel mit »Sernsn, Möddl, alles gloar?«, tippte sich dazu mit dem Zeigefinger obercool an die Stirn, obwohl der doch nie beim Militär gewesen war, schmiss seine Tasche auf die Bank in die Ecke, setzte sich ihm gegenüber und bestellte sich auch sofort ein Bier. Die Alten vom Verein Zufriedenheit, die schwarz-weiß gerahmt an der Wand oben hingen, schlugen entschuldigend die Augen nieder oder sahen einfach weg. »Mari, maggsdmerahns?«, rief er hinüber in die Küche, und »seisoguhd« hinterher. Die Mari kam aus der Küche, wischte sich die Hände an ihrer Kittelschürze, zuckte entschuldigend und hilflos mit den Schultern, Mörtel bedeutend »Tut mir leid, ich kann ja auch nichts machen«, ließ dem Dennis, so hieß der Bangerd, sein Bier einlaufen und stellte es ihm hin. Wie kann denn einer Dennis heißen, dachte sich der Mörtel. Es heißt doch auch keiner Schifoan oder Fußballn. Dennis spielt man, aber so heißt man doch nicht. Waren denn dem seine Eltern auch schon so blöd? Die waren bestimmt aus der Neubausiedlung drüben Richtung Reuthers, die sie in den 1980ern gebaut hatten. Da waren lauter Neue hingezogen damals, die man nicht kannte.

Ach ja, seufzte er vor sich hin, die Mari, die hatte es gut! Die konnte sich einfach wieder in ihre Küche verziehen. Er aber, der Mörtel, konnte das nicht. Er musste hier sitzen und sich das Geschmarr dieses Jünglings anhören.

Und was den alles so interessierte. So politisch. Das ging den doch alles gar nichts an. Hatte zu allem eine Meinung und wusste alles besser als die, die dabei gewesen oder dafür verantwortlich waren. Und musste einem das dann auch alles erzählen, stundenlang und immer das Gleiche. Endlosschleife. Ein kleiner Scheißer war der, ein Grünschnabel, ein Dummschwätzer – aber ein großer Klugscheißer.

Nein, er war nicht alt geworden, um solche Probleme zu haben. Er war alt geworden, um keine Probleme mehr zu haben. Dafür hatte er ein Leben lang gearbeitet, sich krumm gemacht und schikanieren lassen, aber jetzt musste damit Schluss sein, ein für alle Mal – und dann kam so einer wie *der*.

Ob er ihm einfach eine reinhauen sollte? So ganz unvermittelt, einfach mit dem Handrücken über das Gesicht? Dass ihm die Lippe aufplatzte, es ihn vom Stuhl runterhaute und er endlich sein blödes Maul hielt? Nein, dann würden bloß die Gläser umfallen, wahrscheinlich auch zerbrechen, es gäbe Scherben und überall würde das Bier heruntertropfen, und die Mari hätte nur unnötig zu tun. Mörtel schüttelte es innerlich, denn eine dieser Erinnerungen kam wieder hoch. Bilder von einem zertrümmerten Kopf, einer Eisenstange und Matsch überall, Blut und ein Röcheln, das einfach nicht aufhören wollte, und immer und immer wieder diese Finger, die sich bewegten ... krampften ... Nein, weg damit! Das mit dem Grünschnabel müsste er anders machen.

Manchmal schlief ja der Mörtel auch ein in der Gaststube, vor allem wenn der Ölofen so leise vor sich hin bullerte, und aus der Küche hinterm Tresen die Geräusche kamen, die die Mari beim Kochen machte. Mit den Töpfen, den Bestecken, dem Geschirr. Dann fiel dem Mörtel auf seinem Platz manchmal so langsam der Kopf nach vorn, und er döste wohlig ein. Hörte sich manchmal sogar selber zu beim leisen Schnarchen. Dann war es am schönsten. Dann erinnerte er sich dabei an seine Kindheit, da war das auch so gewesen: Am besten hatte er schlafen können, wenn Lärm war. Wenn seine Geschwister durch die Küche tobten, sich an den Haaren zogen oder sich zwickten und immer sehr viel Geschrei war. Einmal, das fiel ihm gerade ein, da waren seine Geschwister alle weg, in der Schule vielleicht oder auf dem Acker, das wusste er nicht, da hatte er auf der Schäslong in der Küche gelegen und wollte schlafen, aber es ging nicht. Da hatte er seine Mutter gebeten:

»Mama?«

»Joh Buh?«

»Konnsd villaichd aweng Lärm machn?«

»Wäisu Buh?«

»Dermiddi aischlohfm koh.«

Denn es war ihm zu leise gewesen zum Einschlafen. Eigentlich wusste er gar nicht, ob die Geschichte so stimmte, aber seine Mutter hatte sie immer so erzählt. Deshalb wusste er das auch nur. Bevor sein Vater wieder zurückgekommen war, also vor '49. Da hatte an einem der ersten warmen Tage im Jahr plötzlich ein fremder Mann vor der Türe gestanden, ganz gruselig und nur noch Haut und Knochen, und hatte Einlass begehrt. Dies hier sei sein Haus, hatte er gesagt, und er, der kleine Mörtel, sei wohl der Sohn seiner Frau, aber nicht seiner, denn dazu sei er, der Mörtel, zu jung.

»Oder wie alt bist du?«

»Fünf.«

»Dann bist du doch von mir.«

Ab dem Tag hatte sich das Leben geändert daheim. In Russland sei er gewesen und jetzt zweihundert Kilometer gelaufen, alles zu Fuß, und jetzt habe er Hunger und Durst und wolle seine Frau. Besoffen hat der sich dann jeden Tag und herumgeschrien, den Mörtel geprügelt und die Mama, dass sie manchmal ein ganz blaues Gesicht hatte und kaum noch laufen konnte.

Scheiß Erinnerungen. Der Mörtel nahm einen Schluck Bier.

»Du wersd ner doh amoll nu schderm«, hatte die Mari einmal gesagt und dabei gelacht und hatte damit gemeint, dass er, weil er den ganzen Tag bei ihr herinnen saß, hier sicher auch einmal den Geist aufgeben würde.

Was »Du wersd ner doh amoll nu schderm« auf Hochdeutsch hieß? Wahrscheinlich so viel wie »Du wirst noch einmal hier drinnen sterben.« Was der gleiche Quatsch war wie »Ahmoll bringinern nu umm!« Denn wie sollte er hier drinnen *noch* einmal sterben? Da müsste er ja zuvor erst einmal woanders sterben, und nach allem, was er wusste, tat man das nur einmal. Hatte der in der Erinnerung ja auch. Nachdem er endlich zum Röcheln aufgehört hatte, war bei dem Ruhe gewesen. Dann hatte er ihn nur noch wegschaffen müssen.

Apropos Geist aufgeben. Wie der alte Wischer noch gelebt hat, hat der auch immer mit hier herinnen gesessen. Zu zweit waren sie dann hier am Tisch, Tag für Tag. Gesagt hatten sie nicht viel in dieser Zeit, es gab für sie ja auch nichts zu besprechen, sie mussten nichts tun. Nur ab und zu ein »Seidla« bestellen oder einmal hinaus auf den Ort. Affs Örddler. Brunzn. Es ist schwer, eine Geschichte auf Hochdeutsch zu erzählen, wenn sie im Dialekt stattfindet. Aber egal. Beim Geist war ich grad, dachte sich der Mörtel, und beim alten Wischer. Den hatte er dann einmal gefragt, einfach so, und weil es ihn auch interessierte und weil er selber immer so komische Sachen im Kopf hatte: »An was denkst du denn?« Er hatte also gefragt: »Wos dengsdner?« Da war er beim zweiten Seidla gewesen. Als er dann das fünfte schon halb getrunken hatte, spät am Nachmittag, hatte der Wischer auf einmal so geschnauft, auf seine Hände gesehen und dann gesagt:

»Vor dem Denken, da musst du dich in Acht nehmen. Denn solange du nicht denkst, hat alles seine Ordnung. Sobald du aber mit dem Denken anfängst, kommt alles durcheinander. Nein, ich denke mir nichts mehr.«

Hatte er natürlich nicht so gesagt, sondern so: »Dengne? Nah, vorm Dengne mussdi hühdn. Wall – solangsder niggs dengsd, schdümmd allers. Ohber wennsd erschdermoll dermihd ohfängsd, ner kummd allers durcherernander. Nah, ihch dengmer niggs mehr, des hobbi schon längsd affghöhrd.« Und dazwischen hatte er immer wieder lange Pausen gemacht und überlegt, wie es weitergeht.

Komisch, dachte sich der Mörtel irgendwann einmal, bei mir kommt nichts durcheinander, wenn ich denke. Bei mir kommt nur immer wieder etwas hoch. Bilder. Und das will ich nicht. Auch deshalb ist es besser, nichts zu denken.

Nur meistens kamen die Erinnerungen von selber, da konnte er gar nichts tun.

Ja, der Wischer ist ein kluger Kopf gewesen. Der hat nichts gesagt, was nicht notwendig war. Nicht so wie der hier mit den grünen Haaren, der Dennis. Das hat ihm der Mörtel dann auch abgeschaut: einfach nichts zu sagen. Schweigen war immer das Beste, »sei Maul haldn«, wie er es nannte. Das ging doch auch alles niemanden etwas an und war ja auch schon so lange her. '59.

Aber er war ja beim Wischer gewesen, hatte an den gedacht. Der Wischer. Der ist dann eines Tages nicht mehr gekommen. Einfach so, drei Tage lang. Und als sie dann bei ihm nachgeschaut hatten, hatte er tot am Küchentisch gesessen, nur vornübergekippt und noch eine halb volle Bierflasche vor sich. Die hatte er nicht mehr austrinken können, so viel Zeit hatte ihm der Tod nicht mehr gelassen. Eigentlich schade darum. Der war eine schöne Leich gewesen, so ruhig und friedlich und ganz. Nicht so zertrümmert und entstellt wie der Vater. Nicht die Augen so grässlich aufgerissen, dass man den Blick nie vergessen konnte. Und kein bisschen blutig, überhaupt keine Sauerei. Und so fürchterlich und endlos geröchelt hat er auch nicht.

Aber an Ruhe, geschweige denn auf seiner Bank ein Nickerchen zu machen, war für den Mörtel heute nicht zu denken, der grünhaarige Zwerg laberte ihn voll. Punkt und Komma und vor allem Pausen hatte der nicht gelernt. Hatten sie bei ihm in der Schule ausgelassen. Eineinhalb Seidla später aber hielt es der Mörtel nicht mehr aus. Stand einfach auf und ging hinaus, denn die ersten zwei Seidla kamen schon wieder, und dazu musste er über den Hof auf den Ort, das Örtchen. Den abseits liegenden Ort, den Ab-Ort, hier sagte man Abbodd. Den hatten sie jetzt neu gemacht, jetzt hatte der Fliesen und einzelne Becken. »Urinal« nannte man die, hatte die Mari gesagt, und er hatte »Original« verstanden. Auf Hochdeutsch konnte man das gar nicht verstehen, aber zwischen »Uhrinohl« und »Orchinohl« war nicht so ein großer Unterschied, wenn man nicht mehr so gut hörte. Früher hatte es da nur eine Dachrinne gegeben an der Wand und ein Blech dahinter, noch früher nur eine Rinne am Boden und Ölfarbe an den Wänden. War auch gegangen. Aber was ging es ihn an. Jetzt roch es halt nicht mehr so.

Auf dem Rückweg kam er an der Mari vorbei, die mit verschränkten Armen in der offenen Küchentür stand. Da raunte er ihr zu:

»Ihch bringnern umm. Ahmoll bringinern nu umm!«

Aber die Mari lachte nur kurz auf und sagte:

»Schmarr ned. An Drehg dussd.« – Was hieß: »Schmarre nicht. Einen Dreck tust du«, womit sie sagte: »Ach, rede doch nicht so einen Unsinn. Nichts wirst du tun, gar nichts, vor allem wirst du ihn nicht umbringen, niemals.« Grund genug, ihn sofort umzubringen, allein aus Trotz.

Auch dafür gibt es den Dialekt: dass man nicht so viel reden muss. Weil man im Dialekt mit sehr viel weniger Worten sehr viel mehr sagen kann – und auch noch punktgenauer. »An Drehg dussd«, damit war alles gesagt.

Als der Mörtel zurück in die Gaststube kam und sich setzte, fing der Dennis sofort wieder an. Da rief der Mörtel die Mari und bestellte ihm ein Bier und einen Obstler dazu.

»Einen Doppelten.« Also »An dobbldn«.

Ich mach ihn hie, dachte er sich, und wenn dafür meine ganze Rente draufgeht. Ich werde den jetzt immer so besoffen machen, dass er sich nicht mehr kennt. Und dass er irgendwann nicht mehr herkommt und mir meine Ruhe lässt.

»Prost, Dennis.«

»Prost, Mörtel. Danke. Hast du wohl heute Geburtstag?«

Der Mörtel brummelte nur irgendetwas, hob dann sein Glas und trank. Das hatte er damals auch erst einmal: einen Schnaps getrunken, einen doppelten. Aus der Flasche im Buffet. Und die Mutter hatte auf dem Stuhl gesessen und sich nur den Mund zugehalten, hatte gar nichts gesagt. Hatte tagelang nichts gesagt, da hatte er den Alten schon längst in die alte Sickergrube geschleift und hinuntergeschoben und Erde drauf. Da hatten sie den Kanal erst ganz frisch, und die Sickergrube brauchte eh keiner mehr.

»Trink!«, forderte er den Dennis auf. Der trank.

»Ach Mari, lass uns doch gleich die Flasche da.«

Er goss dem Dennis ein.

»Trink!«

Der Mörtel trank, um zu vergessen, der Dennis sollte trinken, um nicht zu vergessen. Und der Dennis trank und sagte Danke. So ging das fünf-, sechsmal, er schenkte ihm immer wieder nach, sich nicht, dann trank der Dennis nicht mehr. Er lehnte ab, wischte sich über das Gesicht, stürzte hinaus und kotzte.

Schwankend kam er wieder herein.

»Komm, Dennis, setz dich her, wir trinken einen«, lud Mörtel ihn gleich wieder ein. Die Mari stand am Tresen in der Kittelschürze und grinste, wohl wissend, was geschehen würde. Der Dennis schüttelte den Kopf.

»Ich kann nicht mehr.«

»Doch, doch, das geht schon noch, du musst es nur probieren.«

So nahm der Dennis doch noch einen Schnaps. Natürlich einen doppelten. Und noch einen. Dann endlich wankte er hinaus, endgültig.

Dem Bürgermeister hatten sie dann erzählt, der Alte wäre fort. Vom Tisch aufgestanden und raus, das hatte er zuvor schon ein paar Mal gemacht und jetzt wieder. Mal schnell Zigaretten holen, so nannte man das damals. Sehr viele haben sich so aus dem Staub gemacht und das Leben, das sie nicht mehr ertrugen, aber auch sehr oft Frau und Kinder, hinter sich gelassen. Kaputte Seelen, gemetzelt und zerfetzt vom Krieg und dann zurückgekommen ins normale Leben. Typen, für die nichts mehr normal war und die sich selber nicht mehr aushielten. Nur früher war der Vater immer wieder gekommen, weil er etwas zum Saufen brauchte und auch »sein Weib«. Nur diesmal kam er nicht mehr zurück, kein Mensch hat ihn seither wieder gesehen. Nur dem Mörtel kam er in den letzten Wochen immer wieder ins Gedächtnis. Vor allem abends, wenn er im Bett lag und es langsam dunkel wurde und er an die Decke schaute, wo sich die schwarzen Staubfäden ganz langsam in der Luft bewegten. Dieser zermatschte Kopf, das Hirn, das Blut. Doch danach war es endlich wieder ruhig daheim, die Mutter und auch er wurden nicht mehr geprügelt, angeschrien und gequält.

»Vielleicht ist er ja in den Fluss«, sagte der Bürgermeister, der den Alten kannte und es gut fand, dass er weg war. Kein Mensch hatte je wieder ernsthaft nach ihm gefragt. Nur sein Kopf tauchte jetzt immer wieder auf, im Kopf vom Mörtel. Und das Geräusch, das die Stange damals gemacht hatte, dieses Knacken, Knirschen. Und dieser Geruch nach

Metzgerei. Und auch das Röcheln, das so lang noch ange-
dauert hat.

»Jetzt hast du's ihm aber gezeigt«, lachte die Mari, »ich
glaube, der kommt so schnell nicht wieder und lässt dich in
Ruhe.«

»Das hoffe ich, sonst ...«

»Ja, was sonst?«

»Dann bringin umm. Ahmoll bringinern nu umn. Irngd-
wann isamoll so weid!«

»An Drehg dussd«, lachte da die Mari nur und machte
ihm ein Bier.

Dann saß der Mörtel wieder dort im Eck, sah vor sich hin
und sagte nichts. Versuchte, ganz für sich zu sein und nichts
zu denken.

Dabei half ihm das Bier.

Thomas Kastura

Das perfekte Verbrechen

Kommissar Küps schwitzte. Der Kopfhörer drückte. Langsam bekam er Ohrensausen, was zum einen an der stickigen Luft im Studio lag, zum anderen am selbstgefälligen, nicht enden wollenden Redeschwall von Staatsanwalt Brandeisen.

»Und den Fall des gestohlenen Kunigunden-Rubins habe ich ganz allein gelöst«, schwadronierte dieser. »Leider ist der Juwelendieb entkommen. Wenn mein Ermittlungspartner früher eingegriffen hätte ...«

Küps warf ihm einen strafenden Blick zu. »Es läuft halt net immer so wie im Fernsehen. Manchmal sind uns die Spitzbuben einen Schritt voraus.«

Die Radiomoderatorin nickte. »Vielen Dank, die Herren. Da haben Sie uns ja allerhand spannende Geschichten aus der Praxis verraten. Aber jetzt kommen endlich Sie zum Zug, liebe Hörer. Nach einer kurzen Werbepause können Sie Brandeisen und Küps Fragen stellen. Unsere beiden Studiogäste werden nach bestem Wissen und Gewissen antworten. Vielleicht wollten Sie schon immer erfahren, wie man zum Beispiel ... den perfekten Mord begeht?« Sie lachte etwas künstlich und gab die Telefonnummer durch: »... quasi unsere Crime-Hotline. Rufen Sie an!« Dann betätigte sie einen Regler, Reklame wurde eingespielt.

»Und? Wie waren wir?«, fragte Brandeisen ungeduldig.

»Gar nicht schlecht – für ein Liveinterview.« Die Moderatorin nahm einen Schluck Cola.

»Gar nicht schlecht?«

»Nein, im Ernst, wie Sie sich gegenseitig die Bälle zuspielen, einfach wunderbar. Bühnenreif! Der Besserwisser und der Begriffsstutzige – als hätten Sie das geübt.«

»Aber ... wir sind auch in natura so!«, beteuerte Brandeisen.

Küps betrachtete angewidert sein Wasserglas. »Ohne Bier kann ich nicht arbeiten. Haben Sie wirklich nichts Vernünftiges zum Trinken da?«

»Bedaure, nein.«

»Ich war mal Statist am Stadttheater, als ich noch jünger war. Hinter den Kulissen stand immer ein Kasten Keesmann Herren Pils ...«

Brandeisen begriff, worauf Küps hinauswollte. »In der Regel ziehen wir Spezial-Rauchbier vom Fass vor. Das hält die grauen Zellen in Schwung. Bei den vielen Interviews, die wir tagtäglich geben, haben wir das bitter nötig.« Er kehrte die Diva heraus. Dieses Privatradiomäuschen sollte merken, dass sie es nicht mit Anfängern zu tun hatte. Ohne Starallüren brachte man es nicht zu Ruhm und Ansehen, zumal in einer Stadt wie Bamberg, wo sich die Menschen nur allzu gern blenden ließen von großtuerischem Gehabe. »Beim *Bayerischen Rundfunk* war es kein Problem, ein Bier zu bekommen«, setzte er pikiert hinzu. »Da kümmert man sich noch um das Wohlergehen der Gäste.«

»Na gut, ich sehe, was ich tun kann.« Über Kopfhörer erkundigte sich die Moderatorin beim Aufnahmeleiter. Ihr Gesicht hellte sich auf. »Echt? Wir haben noch Werbegeschenke vom Tag des deutschen Bieres? Her damit!«

Kurz darauf erschien eine Praktikantin mit einer reichen Auswahl an gekühlten Flaschen. Küps entschied sich für ein Zwergla der Brauerei Fässla, ein hervorragendes Dunkelbier, und Brandeisen nahm ein helles Schlenkerla

Lagerbier, seine Hausmarke. Glaskrüge wurden kredenzt und befüllt.

»Zufrieden?«, fragte die Moderatorin, nicht ohne Ironie. »Wär doch gelacht, wenn uns der *BR* in puncto Prominentenbetreuung aussticht.«

»Danke, wir wissen das zu schätzen.« Brandeisen stieß mit Küps an. Sie tranken und fühlten sich angemessen gepampert, wie es bei ihrem Bekanntheitsgrad nur recht und billig war. Die Praktikantin entfernte sich.

»So, die Werbepause ist zu Ende.« Die Moderatorin fummelte an der Technik herum. »Gleich sind wir wieder *on air*.« Ein Tastendruck. »Willkommen zurück, liebe Hörer. Heute haben wir exklusiv für Sie: Staatsanwalt Brandeisen und Kommissar Küps, die Schrecken aller fränkischen Kriminellen, Bambergs erfolgreichstes Ermittlerteam. Der erste Anrufer ist schon in der Leitung. Marlene Malz aus Waizendorf möchte etwas fragen.«

»Hallo, verstehen Sie mich?«, ertönte eine hohe, ältlich klingende Frauenstimme.

»Klar und deutlich.«

»Also, das mit dem perfekten Verbrechen, das würde mich interessieren. Gibt es so etwas überhaupt?«

»Durchaus!«, preschte Brandeisen vor. »In Deutschland bleiben jährlich über eintausend Morde unentdeckt. Das liegt aber nicht an genialen Straftätern, sondern schlicht und ergreifend an Schlamperei. Sie werden es kaum für möglich halten, wie viele Mediziner sich bei der Leichenschau täuschen und einen natürlichen Tod bescheinigen – obwohl vielleicht Zweifel bestehen. In solchen Fällen erfolgt keine Obduktion. Und keine Ermittlung! Wir treten gar nicht erst in Aktion.«

»Stell dir vor, es war Mord, aber niemanden juckt's«, ergänzte die Moderatorin. »Kein angenehmer Gedanke.«

»So kann man das nicht sagen.« Küps räusperte sich. »Unerfahrenheit, Überlastung ... da unterläuft den Ärzten schon mal ein Fehler.«

»Heißt das, wenn man es unauffällig anstellt, lässt sich die Polizei gar nicht blicken?«, fragte Frau Malz.

»Nur, wenn es keine Verdachtsmomente gibt«, erwiderte Küps.

»Verdachtsmomente?«, kam es zögerlich zurück.

»Sind Sie verheiratet, Frau Malz?«

»Äh, ja.«

»Nur mal angenommen, Sie möchten Ihren Mann umbringen ...«

»Ich? Wie meinen Sie das jetzt?«

»Keine Sorge, das ist nur ein Beispiel«, schaltete sich Brandeisen ein. Er zwinkerte der Moderatorin zu, die ihm eingeschärft hatte, bildlich zu argumentieren, aus dem Leben gegriffen, damit die Hörer alles nachvollziehen konnten. »Gehen wir für einen Augenblick davon aus, Ihr Gatte habe ein schwaches Herz. Möglicherweise ist er schon siebzig, in so einem Alter kann leider viel passieren. Falls Sie, liebe Frau Malz, aus irgendwelchen Gründen beschließen sollten, das Ableben Ihres Angetrauten zu beschleunigen, sagen wir, weil er ein furchtbarer Tyrann ist und seine Pantoffeln immer genau so hinstellt, dass Sie darüber stolpern ...«

»Ja, seine Pantoffeln ...«

»Dann könnten Sie ihm doch Gift ins Bier träufeln! Eine toxische Substanz, die er nicht herausschmeckt – das Internet ist voll davon. Meistens beschleunigen solche Gifte den Herzschlag und erhöhen den Blutdruck.«

»Atemnot, Sehstörungen – habe ich von der Nachbarin gehört.«

»Genau! Und die Folge? Herzstillstand! So, und jetzt zeigen Sie mir den Arzt, der bei einem Risikopatienten, der durch Kammerflimmern ohnehin gefährdet ist, einen Mord mutmaßt!«

»Aber die moderne Medizin hat doch Mittel und Wege ...«

»Hat sie, natürlich. Der Mageninhalt wandert ins Labor, das Blut wird analysiert, ebenso der Urin, Gewebeproben von Leber, Nieren, Muskeln, sogar die Haare. Die Frage ist: Kommen diese forensischen Verfahren auch zur Anwendung? Bei einem kerngesunden Dreißigjährigen – sehr wahrscheinlich. Bei einem bemoosten Haupt – eher nicht. Da neigen unsere Äskulapjünger zu der Diagnose: Irgendwann musste es so weit kommen. Friede seiner Asche.«

»Aha.«

»Außerdem ist so eine Obduktion teuer«, fügte Küps hinzu. »Wir müssen auch an die Kosten denken.«

Die Moderatorin hatte schon den nächsten Anrufer auf ihrer Liste. »Vielen Dank, Frau Malz. Wer hätte das gedacht? Perfekte Verbrechen sind gar nicht so selten. Hoffentlich konnten wir helfen.«

»Moment, ich wollte noch wissen ...«

»Tut mir leid, wir möchten auch anderen Hörern die Gelegenheit geben, Fragen zu stellen.« Mit einem Mausklick flog Frau Malz aus der Leitung. »Als Nächstes gehen wir nach Pettstadt. Hallöchen, Herr ... Rausch? Ist das richtig?«

»So heiß ich, ja.« Ein unwirsch klingender Männerbass.

»Was liegt Ihnen auf dem Herzen?« Die Moderatorin ergriff die Gelegenheit zu dem Sprachspiel. »Ich nehme an, *Ihr* Herz schlägt noch munter vor sich hin? Kleiner Witz, Sie verstehen?«

»Ich schließ mich meiner Vorrednerin an.«

»Ach ja? Dann legen Sie mal los.«

»Des mit dem Bier ... Wenn man da ein Gift reintun würd ... Bei welchem Bier fällt des am wenigsten auf?«

»Unsere Hörer stecken ja voller krimineller Energien!«, freute sich die Moderatorin und schickte erneut ein Radiolachen über den Äther, das zwischen Hundegebell und Asthmaanfall changierte. »Wie es der Zufall will, sind unsere beiden Ermittler wahre Experten in Sachen Bier.« Brandeisen und Küps prosteten sich gerade zu. »Wer von Ihnen würde gern ...«

Küps wischte den Schaum mit dem Ärmel ab. »Gute Frage, Herr Rausch! Sie planen aber keinen Mord, gell?«

»Ach woher!« Pause. »Ich frag nur.«

»Also, Gift im Bier ... Mir fallen da sofort die großen Industriebrauereien ein, die Massenmarken, vor allem die billigen. Das Zeug schmeckt wie Spülwasser mit Hopfenaromen, das ist toterhitzt wegen der Haltbarkeit. Aweng Gift fällt da gar net auf.«

»Meinen Sie ...«

»Bitte keine Namen nennen!« Die Moderatorin sah schon eine Prozesswelle auf den Sender zurollen.

Küps nickte ihr zu. »Einigen wir uns auf ein minderwertiges Discount-Bier, der Kasten unter zehn Euro. Damit können Sie nichts falsch machen.«

»Und des klappt garantiert?«, beharrte Herr Rausch. »Auch wenn der ... der Todeskandidat, wenn der normalerweise nur gescheites Bier trinkt, zum Beispiel a U vom Mahr? Wird der net skeptisch bei einer billigen Brüh? Und denkt die Polizei dann net später, dass da was faul ist, wenn die einen toten Bierliebhaber findet, der so einen Mist in sich reingeschüttet hat?«

»Es gibt eine Alternative.« Brandeisen hatte eine Idee. »Vielleicht haben Sie schon von Craft Beer gehört. So nennt man handwerklich hergestelltes Bier von kleinen Brauereien. Es enthält oft natürliche Aromen und Zusätze, die vom Reinheitsgebot abweichen. India Pale Ale gehört dazu, ein fruchtiges Bier, stammt ursprünglich aus England. Oder ein tiefschwarzes Porter, stark malzig, erinnert an Schokolade. Der Geschmack dieser Biere ist manchmal so intensiv, dass er Giftstoffe mit Leichtigkeit überdeckt. Wäre das etwas für Sie?«

»Im Prinzip schon. Ist des teuer?«

»Craft Beer hat leider seinen Preis wegen der höheren Produktionskosten. Mit vier Euro pro Flasche sollten Sie mindestens rechnen.«

»Heilandsack!«

»Aber, mein lieber Herr Rausch, was sind schon ein paar Euro für einen unentdeckten Mord? Da sollte man nicht am falschen Ende sparen.«

»Auch wieder wahr.«

»Herzlichen Dank nach Pettstadt für diese ganz spezielle Frage«, sagte die Moderatorin. »Zum Glück haben wir Fachleute im Studio. Apropos – würden Brandeisen und Küps es denn bemerken, wenn Ihr Bier mit Gift versetzt wäre?«

»Todsicher!«, antwortete Küps. »Es reicht schon, wenn ich eine Flasche erwisch, die einen leichten Stich hat, also wo das Haltbarkeitsdatum überschritten ist. Dann wird meine Zunge ganz pelzig, und es kribbelt in meinem großen Zeh.«

»Im großen Zeh?«

»Meine alte Pilsverletzung. Ich hab mal aus Versehen ein warmes Pils aus dem Raum Nürnberg getrunken. Geschüttelt hat's mich da, des war nicht mehr feierlich. Fast wär's mir wieder hochgekommen. Und danach war mein großer Zeh einen Tag lang taub.«

»Sie Armer!«, bedauerte ihn die Moderatorin. »Da sieht

man mal: Ein falsches Bier kann bleibende Schäden hinterlassen.« Sie wandte sich an Brandeisen. »Wie steht's mit Ihnen, Herr Staatsanwalt? Können auch Sie Fremdstoffe im Bier ausfindig machen?«

»Natürlich, meine Liebe. Ich habe nicht nur das absolute Gehör, sondern auch einen jahrzehntelang geschulten Gaumen, der es mir gestattet, feinste Unterschiede zu registrieren. Nehmen Sie nur das zum Brauen verwendete Wasser. Ich kann Ihnen genau sagen, ob es aus Bamberg stammt oder aus der Fränkischen Schweiz, von der Gegend rund um den Staffelberg oder vom Aischgrund.«

»Kaum zu glauben!«

»Dilettantische Vergiftungsversuche, etwa mit Arsen oder Zyankali, würden mir zwingend auffallen. Arsen, oder genauer: Arsen(III)-oxid, schmeckt leicht süßlich, Zyankali erinnert an Bittermandeln. Allerdings gibt es ja auch geruchslose und geschmackneutrale Gifte, wie bereits erwähnt. Die kann selbst ich nicht erkennen.«

»Sind solche Gifte wirklich problemlos im Internet zu bekommen?«, wollte die Moderatorin wissen.

»Sicher«, fuhr Brandeisen fort, »auch hier gilt: alles eine Frage des Geldbeutels.«

»Und ich habe immer gedacht: Umsonst ist nur der Tod.«

»Heutzutage kriegt man selbst den nicht geschenkt. Aber auch Mörder müssen sparen, vor allem in Oberfranken, wo die Euros bekanntlich nicht auf den Bäumen wachsen. Wer kein Krösus ist, kann schwer nachweisbares Gift selbst herstellen. Rizin wird aus den Samen des Rizinus gewonnen, für Palytoxin braucht man Krustenanemonen, das sind Korallen. Von dem guten alten Fingerhut ganz zu schweigen, der wächst in der freien Natur, ebenso Tollkirsche, Stechapfel, Maiglöckchen …«

»Das sind ja ganz tolle Tipps! Bamberg – Gärtnerstadt, sag ich da nur.« Die Moderatorin schraubte ihr Gute-Laune-Level weiter hoch. »Der nächste Anruf erreicht uns aus Obergreuth. Herr Zapf, Sie haben das Wort.«

»Grüß Gott in die Runde. Das mit dem Gift ist mir jetzt klar. Aber wenn man es jemandem ins Bier geschmuggelt hat, könnte man den Betreffenden beim Trinken ja zusätzlich ablenken. Dann merkt der ganz sicher nicht, dass etwas nicht stimmt.«

»Guter Vorschlag«, sagte Küps. »Wir Kriminaler sprechen bei einer Ermittlung immer von Motiv, Mittel und Gelegenheit. Wenn wir alles drei herausgefunden haben, sind wir einen großen Schritt weiter und bringen die Strafsache meistens zügig zum Abschluss.«

»Kombiniere!« Die Moderatorin liebte Rätselraten, so etwas hielt die Hörer bei der Stange. »Das Mittel wäre in unserem Fall Gift. Und das Motiv?«

»Die Pantoffeln, die immer im Weg stehen, hatten wir ja schon«, meinte Brandeisen. »Häufig sind es die kleinen Dinge, die das Fass zum Überlaufen bringen und Mordgelüste freisetzen. Ein gebrauchtes Ohrenstäbchen auf dem Badewannenrand. Oder lebhafte Darmtätigkeit nach dem Verzehr einer Wurst mit Musik. Ich würde das unter ›eheliche Abnutzungserscheinungen‹ subsumieren.«

»Und die Gelegenheit, das sind Umstände, unter denen das Gift verabreicht wird«, erklärte Küps. »Fällt Ihnen dazu etwas ein, Herr Zapf?«

»Schafkopf«, kam es wie aus der Pistole geschossen zurück. »Beim Karteln ist man ja voll konzentriert, man zählt die Stiche und die Augen mit, achtet darauf, welche Trümpfe schon gefallen sind und so weiter. Bei einem wichtigen Solo vergisst man alles andere und trinkt, ohne darüber nachzudenken, was man gerade im Krug hat.« Herr Zapf schien jünger als Herr Rausch zu sein. Er sprach Hochdeutsch und hatte sich offenbar in die Materie eingearbeitet.

»Wie lautet das fachliche Urteil von Brandeisen und Küps?«, fragte die Moderatorin, um Spannung aufzubauen. »Wäre Schafkopf die richtige Gelegenheit für einen Giftmord?«

»Eventuell«, erwiderte Küps, »vor allem in Franken. Ansonsten hätte ich gesagt: Frauen sind auch eine geeignete Ablenkung, oder Diskussionen über Autos. Oder über Fußball. Das gilt natürlich vor allem für männliche Opfer, aber inzwischen vermischt sich das ja immer mehr.«

»Über Fußball kann ich mich stundenlang unterhalten!«, protestierte die Moderatorin. »Männer und ihre Lieblingsklischees ... Was meinen Sie dazu, Herr Staatsanwalt?«

»Klischees sind bedauerlich. Aber noch bedauerlicher ist es, dass sie so häufig zutreffen.« Brandeisen lächelte schwach, seine Aphorismen waren schon besser gewesen. »Zurück zum Schafkopf. Vergiftungserscheinungen wie Alkohol- und Nikotinabusus sind dabei weit verbreitet, Körperverletzung ist fast an der Tagesordnung, und Tötungsdelikte kommen auch schon einmal vor, etwa in Form von eingeschlagenen Schädeln. Doch Giftmorde beim Schafkopf sind extrem selten. Bislang hatten wir es nur ein einziges Mal mit so einer Vorgehensweise zu tun, damals waren die Karten präpariert, eine überaus raffinierte Tötungstechnik. So etwas geschieht aber nur alle Jubeljahre, und genau darauf könnte ein ausgefuchster Täter spekulieren.«

»Das ist jetzt etwas kompliziert«, sagte die Moderatorin.

Brandeisen schüttelte nachsichtig den Kopf. »Denken Sie noch einmal an den Arzt, der zu einem Todesfall gerufen wird. Er stellt eine natürliche Todesursache fest, weil er ein unwahrscheinliches Szenario wie Giftmord beim Schafkopf nicht in Betracht zieht. Oder er geht davon aus, dass dergleichen wohl kaum zweimal vorkommt. Ergo werden Kommissar Küps und ich gar nicht erst verständigt.«

»Dann stimmen Sie mir also zu?«, fragte Herr Zapf.

»Unbedingt«, gab Brandeisen zurück. »Gesellschaftsspiele sind eine ideale Ablenkungstaktik für eine ganze Reihe von Straftaten. Noch ein Hinweis: Wenn Sie mit einem Mord aus rein emotionalen Motiven liebäugeln, sollten Sie nur um geringe Geldbeträge spielen, sonst könnten zusätzliche Verdachtsmomente entstehen. Dann kommt Habgier als Motiv hinzu, Neid, rücksichtsloses Gewinnstreben und so weiter.«

»Und achten Sie darauf, dass alle Mitspieler außer dem Opfer in Ihren Plan eingeweiht sind«, sagte Küps. »Das verringert die Gefahr unvorhergesehener Zwischenfälle. Und Sie müssen keine unliebsamen Zeugen beseitigen.«

»Ich werd's mir merken«, beteuerte Herr Zapf.

»Aber nicht nachmachen!«, scherzte der Staatsanwalt.

Allgemeines Gelächter.

Die Moderatorin strahlte. »Tja, liebe Hörer. Damit hätten wir unser perfektes Verbrechen beieinander – alles rein hypothetisch, versteht sich. Leider ist die Zeit fast um. Ich bedanke mich bei allen Anrufern und unseren Studiogästen für diesen amüsanten und informativen Ausflug in die Welt der Kriminalität. Schalten Sie auch nächste Woche wieder ein, dann geht es um Kochrezepte und die Frage: Welche Gerichte kann man mit dem Bamberger Hörnla zubereiten?«

Ein Jingle wurde eingespielt. Brandeisen und Küps nahmen die Kopfhörer ab und tranken ihre Krüge aus. Die Moderatorin begleitete die beiden nach draußen.

»Möchten Sie noch eine paar Biere mitnehmen?«, fragte sie mit Blick auf die restlichen Flaschen, die am Empfang bereitstanden. »Wir haben noch Klosterbräu, Kaiserdom, Ambräusianum und Greifenklau.«

Küps nahm ein Greif, Brandeisen verzichtete, da er nicht gierig erscheinen wollte. »Die Stunde verging ja wie im Flug«, sagte er.

»Kein Wunder, bei so netten Gästen ...«, schmeichelte ihm die Moderatorin und überlegte, ob sie die unbezahlten Strafzettel ansprechen sollte, die sich bei ihr angesammelt hatten. Eigentlich war dafür das Straßenverkehrsamt zuständig, doch vielleicht konnte dieser verknöcherte Jurist trotzdem was drehen.

Der Aufnahmeleiter kam hinzu und bedankte sich ebenfalls. »Komische Namen hatten diese Anrufer«, wunderte er sich und grinste. »Malz, Rausch, Zapf ... Schon witzig, wie die Leute heißen. Hat jedenfalls super gepasst zum Thema Bier.«

»Stimmt«, pflichtete Küps ihm bei. »Und alle kamen aus derselben Gegend südlich von Bamberg. Zufall über Zufall.«

»In unserem Metier erlebt man die seltsamsten Sachen«, sagte Brandeisen. »Wenn man es nicht besser wüsste, könnte man meinen, irgend so ein Schreiberling würde unsere Abenteuer erfinden. Aber die Wirklichkeit schlägt die Fantasie um Längen. Es gibt nichts, was es nicht gibt.«

Mit diesen Worten verabschiedete sich das Duo. Die Moderatorin versuchte noch, Brandeisen mit einer Reportage über die schönsten Höchststrafen, die er durchgesetzt hatte, zu ködern. Doch der winkte huldvoll ab. »Erscheint alles in meiner Autobiografie.« Sie blieb auf ihren Strafzetteln sitzen.

Eine Woche später blätterte Kommissar Küps im *Fränki-schen Tag*, wie er es jeden Morgen tat, bevor er sich den rosa Pappordnern von der Staatsanwaltschaft zuwandte, die stets mit dem Vermerk »dringend« versehen waren, wenn sie von Brandeisen stammten. Seine bevorzugte Lektüre waren die Todesanzeigen. Wer war denn gestorben?

Nun besaß er zwar einen gesunden Respekt vor dem Sensenmann – man wusste ja nie, wann es einen selbst erwischte. Aber manchmal konnte er eine gewisse berufliche Befriedigung nicht verhehlen. »Wieder einer, der keinen Ärger mehr macht«, dachte er bei dem einen oder anderen polizeibekannten Kunden.

So auch bei Josef Schluck aus Höfen, einem Tunichtgut, dessen mehr schlecht als recht ausgeführte Straftaten der Bamberger Polizei seit Jahrzehnten auf die Nerven gegangen waren: Holzdiebstahl, Versetzung von Grenzsteinen, Rosstäuscherei, Zechbetrug, fortgesetztes Urinieren in die Aurach, Zerschmeißen von Bierflaschen auf der Hauptstraße und vieles mehr. Außerdem hatte Schluck seine Frau und seinen Sohn mit allerlei Marotten schier in den Wahnsinn getrieben. Seine Pantoffelsammlung, die er jedem Besucher vorführte, galt im Landkreis als viel belächeltes Kuriosum. Auch seine Tischmanieren und die Körperhygiene hatten gerüchteweise zu wünschen übrig gelassen.

Küps strich die Zeitungsseiten glatt. Viel zu früh, hieß es in dem schwarzumrandeten Kasten, sei der geliebte Ehemann, Vater und Freund aus dem Leben geschieden. Die Hinterbliebenen hatten ihm zu Ehren ein Gedicht verfasst:

Sein letztes Spiel war ein Solo Rot,
Jetzt ist der Sepper tot.
Das Herz, es wollt nicht mehr,

Sein Krug war auch schon leer.

Vom Himmel noch ertönt sein Schrei:

»Schütt's nei, schütt's nei!«

Ein würdiger Nachruf. Der Kommissar mochte Reime – bei so viel Ungereimtem in der Welt.

Das Telefon klingelte.

»Haben Sie's schon gelesen?«, fragte Brandeisen. »Schluck ist hinüber.«

»Endlich sind wir den Burschen los.«

»Ich habe ja nichts gegen Volksdichtung. Aber dieses Versmaß ... entsetzlich!«

»Höfen ...«, überlegte Küps. »Das liegt doch genau zwischen Waizendorf, Pettstadt und Obergreuth.«

»Und?«

»Erinnern Sie sich an die drei Anrufer in der Radiosendung?«

»Glauben Sie, da gibt es eine Verbindung?«

»Alles passt zusammen«, sagte Küps. »Als ob die nach unserem Auftritt zur Tat geschritten wären. Frau Malz hat das Ganze ins Rollen gebracht. Herr Rausch hat das Bier und das Gift besorgt. Und Herr Zapf hat den armen Teufel beim Karteln abgelenkt. Die dämlichen Namen haben die sich auf die Schnelle einfallen lassen.«

»Verstehe ich das richtig?«, fragte Brandeisen. »Sie denken, wir hätten ein Mordtrio dazu inspiriert, diesen Nichtsnutz von Schluck ins Jenseits zu befördern?«

»Genau. Die haben uns ausgehorcht. Ohne uns wären die nie draufgekommen, wie man so was anstellt.« Küps stutzte. Langsam begriff er das Ausmaß der Folgen ihrer leichtsinnigen Radioplauderei. »Wenn's blöd läuft, sind wir wegen Beihilfe dran. Ist Ihnen das klar?«

Stille in der Leitung. Es war förmlich zu hören, wie Brandeisens Gehirn arbeitete. »Ruhig Blut, mein Lieber. Sie müssen lernen, was es heißt, im Rampenlicht zu stehen. Prominente wie wir sind so etwas wie Vorbilder. Was können wir dafür, wenn niedere Geister Honig aus unserer Weisheit saugen?«

»Häh?«

»Hat der zuständige Arzt irgendetwas Irreguläres festgestellt?«

»Nicht, dass ich wüsste.«

»Da haben Sie's!«, jubelte Brandeisen erleichtert. »Was diesen Schluck betrifft, würde ich also sagen: fort mit Schaden.«

»Keine Ermittlung?«

»Lassen wir die Toten ruhen. Ist das nicht einer Ihrer Schafkopfsprüche?«

»Das bedeutet, man darf keine älteren Stiche als den letzten anschauen«, erklärte Küps.

»Schlucks letztes Spiel war ein Herzsolo. In diesem Sinne ...«

Lotte Kinskofer

Bis zum letzten Tropfen

Es war so einfach gewesen. Er war zum Haus dieses angeblichen Musikers gefahren und hatte geklingelt. Das überhebliche Lächeln, als er öffnete.

»Herr Meinungen, wie schön, dass Sie mich besuchen. Sie wollen sicher über den Auftrag reden, um den wir uns beide bemühen.«

Er war in den Flur getreten, damit die Nachbarn ihn nicht mehr sehen konnten. Doch dort blieb er stehen. Nicht zu weit vorwagen, keine Spuren hinterlassen. Besser, wenn sich alles schnell hier unmittelbar zwischen Haustür und Gäste-WC abspielte.

Meinungen sprühte dem jungen Mann mit Pfefferspray das Lächeln aus dem Gesicht und holte ihn dann mit einem flinken Fußfeger von den Beinen. Obwohl der Mann durchtrainiert aussah, fiel er schwer und so ungeschickt, dass er mit dem Kopf auf den Steinboden knallte. Meinungen musste nichts mehr tun, das sah er sofort. Der Mann war tot, bevor er ihn überhaupt hatte töten können. Dass einem ein Mord durch einen solchen Zufall erspart bleibt, das hatte man ja auch nicht so oft.

In dem Bewusstsein, seinen Widersacher nicht ermordet, sondern nur zu Fall gebracht zu haben, fuhr Meinungen nach Hause. Das Päckchen, das vor der Haustür stand, ärgerte und überraschte ihn zugleich. Es ärgerte ihn, dass der Postbote es einfach so abgestellt hatte. Es überraschte ihn, weil es von der Brauerei kam, die ihm vielleicht einen

Auftrag erteilen wollte. Was hieß da vielleicht. Jetzt, wo der Konkurrent ausgeschaltet war, ja sich aufgrund seiner Ungeschicklichkeit selbst ausgeschaltet hatte, war ihm der Auftrag so gut wie sicher. Was mochte drin sein in dem Paket? Vielleicht ein paar Delikatessen, um ihn bei Laune zu halten?

Edgar Meinungen war ein Genießer. Das wussten alle, die ihn kannten. Allerdings: Inzwischen kannten ihn gar nicht mehr so viele Leute. Vor dreißig Jahren, da war er eine Berühmtheit gewesen, der Mann, der die schönsten Schlagertexte schrieb. Sie alle kamen zu ihm, sie alle wollten seine Texte und Melodien haben, nur seine. Er wurde in Shows eingeladen, er saß in Talkrunden, er redete über die Sehnsucht der Menschen nach einer heilen Welt. Dann war er fast in Vergessenheit geraten und wusste nicht einmal, warum. Aber gerade daran wollte er jetzt auf keinen Fall denken. Das war vorbei. Eine goldene Zukunft lag vor ihm. Er würde noch einmal durchstarten. Ein neues Leben, neue Freunde, neuer Wohlstand, vielleicht sogar eine neue Frau.

Skeptisch betrachtete er die Flasche, die ihm die Brauerei ins Haus geschickt hatte. Eine Flasche Gourmetbier. Dabei war er durch und durch Weintrinker, seit vielen Jahren. Maßvoll, aber mit Genuss. Dass nun die Brauereien so taten, als könnten sie da mithalten ... lächerlich. Sie ahmten die Weinflaschen nach, sie verkorkten ihren Gerstensaft, aber was brachte das? Es war und blieb Bier. Ein Getränk fürs Volk. Mit dem durch Quantität Umsatz gemacht wird, nicht durch Qualität. Zum Beispiel beim Oktoberfest, bei all diesen Volksfesten, Dulten, Kerwas und wie sie hießen. Ein Genießer machte doch den Brauer nicht reich, eher der Säufer. Ein Prosit der Gemütlichkeit.

Er las nun die Karte, die beigelegt war. »Zur Inspiration für Ihren wunderbaren neuen Song.« Unterschrieben hatte der Werbefuzzi der großherzoglichen Brauerei. Von ihm hatte er auch die Anfrage bekommen. Fünfhundert Jahre Reinheitsgebot – da war eine neue Bierhymne doch das Mindeste. Sie sollte in allen Bierzelten der Republik Einzug halten, in Übersetzungen vielleicht sogar diese ganzen Wiesn-Ableger in aller Welt bereichern. Dies würde sein zweiter Durchbruch sein. Mit sechzig Jahren noch einmal durchstarten, er träumte davon, seit er diese Anfrage bekommen hatte.

Nachdenklich betrachtete er die Flasche und lächelte still in sich hinein. Verkorktes Bier, das klang ja fast wie verkorkstes Bier. Ja, seine Inspiration kam zurück mit diesem Auftrag, Ideen und Textzeilen wirbelten durch die Luft, während er das eigens zu diesem Gourmetbier passende und mitgelieferte Glas ausspülte und den Korkenzieher langsam in den Korken eindrehte.

Bier – wir – hier ... Nein, das war zu einfach. Trinken – winken – sinken ... Nein, das war auch nichts. Er wollte sich mit seinem Lied nicht auf der primitiven Ebene bewegen, die vor allem er mit diesem Getränk in Verbindung brachte. Seit Tagen gingen ihm all diese Bierlieder im Kopf herum, die seit Jahrzehnten alle Menschen mit gutem Geschmack quälten.

Ich möcht gern an Biersee,
so groß wie der Schliersee,
so tief und so frisch,
und ich wär ein Fisch.

Biersee und Schliersee, das war gar nicht so schlecht, das musste er zugeben. Aber schlimm fand er die Zeilen:

Ist auch nicht ganz klar mein Sinn,
eins weiß ich genau:
Wenn ich auch kein Karpfen bin,
bin ich doch gern blau.

Als ob es darauf beim Trinken ankäme. Dass man so lang etwas in sich hineinschüttete, bis man es nicht mehr schmecken konnte – und noch darüber hinaus bis zur Bewusstlosigkeit.

Bier her, Bier her, oder ich fall um.

Wer so etwas schrieb, der hatte keine Ahnung vom Genuss, lediglich von der Völlerei.

Es gibt kein Bier auf Hawaii, es gibt kein Bier,
drum fahr ich nicht nach Hawaii, drum bleib ich hier.

Wer dazu schunkelte, dem war nicht mehr zu helfen.
Er würde das besser machen. Eine geistreiche Hymne auf den Biergenuss, die dennoch Wiesn-tauglich war. Ironie, die nicht jeder verstand, auch nicht jeder verstehen musste. Ihn aber bei den richtigen und wichtigen Leuten als Feingeist und Künstler auswies.

Langsam ließ er das Gourmetbier ins bauchige Glas laufen, sah zu, wie sich der Schaum hochkräuselte. Schaumgekrönte, ja, das war doch eine Idee! Aber wer von all diesen Bierdimpfeln würde die Anlehnung an die schaumgeborene Venus erkennen? Waren solche Geistesblitze nicht Perlen vor die Säue?

Er schnupperte, wie er es vom Wein gewohnt war, und wunderte sich fast, mehr wahrzunehmen als einen leicht bitteren Geruch. »Barrique«, murmelte er und lächelte überheblich. Jetzt wurde auch schon Bier in Eichenfässern gelagert. Die rauchige Note war unverkennbar. Sie gefiel ihm. Er ließ sich erst in seinen Sessel fallen, in dem er immer über Gott und die Welt, über Texte und Melodien nachdachte, bevor er sich an sein Klavier setzte. Der erste Schluck, das erste Gaumenspiel. Konnte es sein, dass er nussige und beerige Aromen herausschmeckte? Meine Güte, was hatten sie da nur in ihre Hopfenbrause gemischt?

Sein Blick fiel noch einmal auf die Karte dieses PR-Fuzzis aus der Brauerei. Er spürte die Wut, die in ihm aufstieg. Mordgelüste statt Inspiration. Er hatte erst vor wenigen Tagen durch Zufall erfahren, dass er nicht der Einzige war, den die Brauerei angefragt hatte. Nein, sie trauten ihm nicht zu, dass er die beste aller Bierhymnen schreiben würde. Sie hatten auch diesen jungen Musiker beauftragt, der sich mit ein paar lächerlichen Liedern ein bisschen Prominenz erdichtet hatte. Ja, der war auf dem aufsteigenden Ast, nicht auf dem absteigenden, so wie er seit Jahren. Der saß jetzt in den Talkrunden und wurde in Shows eingeladen, weil er für die Stars so schöne Songs schrieb, er durfte sie am Plexiglasflügel begleiten, er lächelte mit seinen strahlend weißen Zähnen ins Publikum. Der machte ihm, Edgar Meinungen, seine letzte Chance kaputt, doch noch einmal aus dem Krater der Vergessenheit aufzusteigen.

Er seufzte und nahm einen Schluck Bier. Er wollte sich nicht eingestehen, dass es ihm schmeckte. Hatten sie wirklich nur eine Flasche geliefert? Lächerlich, dass dieses Gebräu so viel kostete wie eine gute Flasche Wein. Manche panschten ihren Gerstensaft und verlangten an die hundert Euro dafür.

Er dachte zurück an den Tag, als er von seinem Konkurrenten erfahren hatte. Zufällig, der Marketingtyp hatte sich verplappert. Er wusste immer noch nicht, wen er mehr hasste. Den Werbeheini, der den jungen Musiker und ihn als Konkurrenten um die neue Bierhymne gegeneinander angesetzt hatte, oder den Musiker, der ihm diesen Auftrag streitig machen wollte. Natürlich war er sicher gewesen, dass er das niveauvollere Lied schreiben würde. Aber wer bei der Brauerei konnte das beurteilen? Letztlich würden sie sich für den Künstler entscheiden, der besser in der Öffentlichkeit ankam. Ein junger Kerl, den die Frauen liebten, der sein Lied vielleicht auch noch selbst sang ... Und er hätte keine Möglichkeit mehr, sich wieder in die Herzen des Publikums zu musizieren. Seine letzte Chance, sie wäre doch jetzt schon dahin gewesen, wenn er nicht ... ja, wenn er nicht gekämpft hätte.

Er trank das Glas in einem Zug leer, zündete sich eine Zigarre an. Sie passte gut zum rauchigen Geschmack des Biers, fand er und hoffte, dass sich nun endlich die Inspiration einstellte.

Doch seine Fantasie wollte sich nicht auf Reime konzentrieren, sondern erinnerte sich an jenen Tag zurück, als ihm klar wurde, dass er etwas unternehmen musste, als er plötzlich mehr Mordfantasien als Melodien im Kopf hatte. Wen sollte er beiseiteschaffen? Eigentlich den Werbemenschen der Brauerei. Denn der hatte es doch zu verantworten, dass er, der große Edgar Meinungen, sich mit so einem kleinen Licht auseinandersetzen musste und vermutlich nicht einmal eine reelle Chance bekam, weil die Jugend immer siegte. Immer.

Aber was hätte er davon, wenn er den PR-Menschen ausschaltete? Ein neuer würde kommen und vermutlich genauso denken. Also war es doch sinnvoller, sich auf den jungen Musiker zu konzentrieren. Er musste ein Unglück erleiden, das ihn für die nächsten Monate unschädlich machte. Natürlich bestand die Gefahr, dass sich die Brauerei noch einen anderen sogenannten Künstler angelte, der sich an einer Bierhymne versuchte. Aber die Wahrscheinlichkeit war nicht so groß. Es gab mehr Werbeheinis als gute Komponisten, die auch noch selbst texteten. Und es eilte – die Bierhymne musste bald fertig sein.

Rache üben oder die Konkurrenz ausschalten, das war hier die Frage gewesen. Und eigentlich hatte er die Entscheidung sehr schnell getroffen.

Erst wollte er sich nicht selbst die Finger schmutzig machen. Er hatte einen Bekannten aus früherer Zeit, der auf die schiefe Bahn geraten war. Der kannte diese Typen, die für ein Bündel Scheine einem anderen Menschen einfach so das Lebenslicht ausbliesen und dann irgendwohin verschwanden. Er würde dabei gar nicht ins Spiel kommen. Diese Lösung hatte aber auch Nachteile. Er hatte nicht mehr viel Geld. Zur Not würde er sogar sein Klavier verkaufen müssen, um einen Auftragskiller bezahlen zu können. Sein einziger Trost war, dass er sich wohl ein besseres anschaffen könnte, wenn die Bierhymne so ankam, wie er sich das erträumte. Außerdem war ihm klar, dass es immer sehr, sehr schlecht war, Mitwisser zu haben, die einen im Nachhinein noch erpressen konnten. Nichts war gut, was man nicht selbst gemacht hatte. Und eigentlich spürte er auch ein Verlangen, diesem jungen Kerl die Kehle persönlich zuzudrücken, sodass ihm sein Zahnpastalächeln verging. Er hatte so viele schöne Ideen gesammelt, ihn um die Ecke zu bringen, vom Überfall auf der Straße bis zum Ziegelstein, der zufällig herunterfiel. Aber würde er das bewerkstelligen können? Er hatte lange überlegt, wie er es anstellen sollte – und es war besser gelungen als gedacht.

Die Konkurrenz hatte er also beseitigt. An dem Werbedeppen konnte er später immer noch Rache nehmen, wenn er wieder berühmt war. Gewissensbisse kannte er nicht. Jeder musste sehen, wo er blieb. Und er wollte da sein, wo er hingehörte: in den Herzen und dem Gedächtnis der Menschen.

Er spürte, wie er zu schwitzen begann. Vermutlich kam die Aufregung über seine Tat mit Verzögerung und machte ihm jetzt zu schaffen. Er musste sich mehr auf die positive Zukunft konzentrieren, auf den Ruhm, der ihm winkte ... Die plötzlich eintretende Übelkeit aber brachte ihn völlig von den schönen Gedanken ab. Was war nur los mit ihm? Er legte die Zigarre beiseite und drückte die Hände auf den Bauch. Die Krämpfe, woher kamen sie? Unwillkürlich fiel sein Blick auf die Bierflasche. Natürlich ... das Gesöff hatte ihm eine Magen-Darm-Verstimmung eingetragen. Fast überhörte er das Klingeln des Telefons. Mit Mühe schleppte er sich zum Gerät.

»Herr Meinungen, schön, dass ich Sie erreiche!« Die dynamische Stimme des Werbefuzzis der Brauerei. »Ich wollte mit Ihnen noch einmal über unsere Hymne sprechen.«

Unsere Hymne ... dieser Heuchler, der ihm einen Konkurrenten auf den Hals gehetzt hatte.

»Danke für das Gourmetbier«, brachte Meinungen mit Mühe heraus.

Schweigen. Das verwirrte Schweigen eines Menschen, der so gar nicht weiß, worum es geht. Wahrscheinlich hatte

er schon vor Tagen seine Sekretärin mit der Lieferung beauftragt und es längst vergessen.

»Sie haben mir doch eine Flasche zur Inspiration geschickt.« Meinungen fiel es schwer, diesen Satz zu Ende zu
bringen. Die Luft blieb ihm weg, die Übelkeit verstärkte sich.

»Ich habe Ihnen kein Bier geschickt.«

Jetzt war es Meinungen, der in Schweigen verfiel. Das bittere Schweigen eines Menschen, der weiß, dass er nun sehr
schnell denken und handeln muss, aber kaum noch die
Kraft dazu hat. Weil ihm so unendlich übel ist, weil er vor
Kopfschmerzen und Bauchkrämpfen kaum noch denken
und handeln kann.

»Rufen Sie den Notarzt«, röchelte Meinungen noch.

»Ist Ihnen nicht gut?«

Was für eine blöde Frage, dachte Meinungen.

»Bitte, den Notarzt. Sofort. Ich glaube, ich bin vergiftet
worden.«

»Herr Meinungen, was ist denn los?«

Meinungen legte auf. Dieser Trottel war nicht einmal in
der Lage, ihm Hilfe zu beschaffen. Er hoffte sehr, dass er
selbst noch die Kraft aufbringen würde. Mit zitternden Fin-
gern drückte er die Notrufnummer.

»Kommen Sie schnell. Mozartstraße 12. Bitte.«

Das Telefon fiel ihm aus der Hand.

Er stützte sich am Tischchen ab und sah den Korken des
Gourmetbiers, der langsam in Richtung Tischkante kullerte.

Er ließ sich in seinen Sessel fallen und starrte auf den
Korken.

War da ein kleines Einstichloch neben dem großen, das
er mit seinem Korkenzieher gemacht hatte? Er blinzelte,
versuchte sich darauf zu konzentrieren. Sein Herz raste wie

verrückt, ihm war schwindlig, er konnte nichts mehr erkennen. Ob er noch zur Tür robben und aufmachen könnte? Ob er diesen Anschlag überleben würde?

Gift ... Es musste Gift sein. Er war immer stolz darauf gewesen, in der Mozartstraße zu wohnen. War dieses Genie nicht auch von Salieri vergiftet worden? Hatte sein Konkurrent ihm diese Flasche geschickt, bevor er ihn vor ein paar Stunden beseitigt hatte?

Er merkte, wie die Gedanken immer unklarer wurden, wie ihm die Sinne schwanden. Er ließ sich zu Boden fallen, um noch zur Tür kriechen zu können, auf allen vieren, wenn es sein musste. Dabei riss er das Bierglas mit sich, das nicht einmal kaputtging, aber der Rest des Getränks ergoss sich über den Parkettboden. Er brach zusammen, sein Gesicht kam in der Bierlache zu liegen.

Ich liege im Biersee, dachte er. Und dann schnupperte er ein letztes Mal die rauchige Note des Getränks.

Killen McNeill

Ein schöner Tod in Irland

Wenn man den *Crown Liquor Saloon* in Belfast im richtigen Augenblick in der Abenddämmerung betritt, wird ein Kindertraum wahr: Man hat sich ganz klein gemacht und ist in ein Kaleidoskop hineingeschlüpft. Im Eingangsbereich wird die zaghafte nordirische Sonne durch die Buntglasfenster in Heerscharen von Farbschattierungen zerlegt und streift die schwarz-weißen Mosaikfliesen am Boden, das dunkle Holz der Separees, die gesteppten Lederpolster drinnen und die korinthischen Säulen davor, während das schummrig-goldene Licht der Gaslampen weiter hinten sich in den geschliffenen Spiegeln, in der Decke aus gehämmertem Kupfer, im Tresen aus Marmor und in dessen Fußstützen aus Messing widerspiegelt. Ein Gezeitenspiel zwischen zwei Lichtquellen kurz vor dem Wechsel, gleich wird der fade Tag vor dem Gas zurückweichen, und doch bleiben manche Ecken und Nischen von beiden unbehelligt und schlummern geheimnisvoll in der Dunkelheit.

An der Innenseite der Tür bleibt Paul stehen und breitet die Hände aus. »Und?«, fragt er, »habe ich zu viel versprochen? Das schönste Pub der Welt.«

Werner schaut sich um und nickt bedächtig. »Na ja«, sagt er. »Schön. Aber ich mein, mehr als ein Schnitzel kann man net essen. Oder in dem Fall trinken. Wennst verstehst, was ich meine.« Dann läuft er zielstrebig auf den Tresen zu, Paul etwas ratlos hinterher.

Werner hievt sich auf einen Hocker hoch. Er ist klein, drahtig, hat etwas Aufgezogenes an sich, sein rechtes Knie wippt ständig auf und ab, und sein Kiefer mahlt immerzu, ob er Kaugummi kaut oder nicht. Er trägt eine rosarote Baseballkappe, auf der *Werner* steht.

Paul lässt sich links neben ihm auf einen Hocker nieder. Er ist größer als Werner, aber seine Umrisse, sowohl am Körper als auch im Gesicht, sind ausgebeulter und undefinierter, wie eine schlampig gepackte Reisetasche, deren Inhalt ständig verrutscht. Er trägt eine grüne Baseballkappe, auf der *John Deere* steht.

Werner und Paul sind Kumpels aus Nürnberg in ihren Mittfünfzigern, die wieder mal eine Reise so richtig ohne Frauen machen. Paul ist Irlandexperte, Werner war noch nie auf der Insel. Heute Nachmittag sind sie in Dublin gelandet; sie umrunden Irland gegen den Uhrzeigersinn mit einem Mietauto, Belfast ist die erste Station. Das erste Pint wollen sie im *Crown* zu sich nehmen.

Seit dem Flug haben sie eine Wette laufen, von deren Ausgang es abhängt, wer die erste Runde bezahlen muss.

Außer ihnen sitzt nur noch eine Frau am Tresen, etwas entfernt und in Richtung Saal. Man kann ihr Gesicht nicht sehen, sie hält die *Belfast Telegraph* vor sich aufgeschlagen. Darunter ragen schöne Beine in schwarzen Strümpfen und schwarzbraunen Stöckelschuhen hervor. Hinter ihr steht ein Gin Tonic auf dem Tresen.

Kein Barkeeper ist in Sicht, aber irgendwo in den niederen Regionen trifft klirrendes Glas auf schepperndes Plastik. Es sind universell bekannte Kneipengeräusche, die verraten, dass Flaschen weggeräumt werden.

Eine Zeit lang betrachten Werner und Paul die funkelnden Reihen von Whiskey-, Cognac-, Gin-, Wodka- und

Rumflaschen, dann fragt Paul: »Willst wissen, warum es hier so wie in einer Kathedrale ausschaut?« Er erzählt schnell weiter, weil es durchaus sein könnte, dass Werner es nicht wissen will. »Kunsthistorische Gründe sind des. Katholische Emanzipation in Irland, Ende des neunzehnten Jahrhunderts. Haufenweise schießen neue katholische Kirchen aus dem Boden. Die besten italienischen Künstler werden geholt, um die Kirchen auszustatten, Schreiner, Drechsler, Schnitzer, Fliesenleger, Stuckateure, Glasmaler. Die haben dann nach Feierabend hier noch Hand angelegt.«

»Schwarzarbeit«, sagt Werner. »Typisch Itaker. Alles am Fiskus vorbei.«

»Alles klar. Du hast es wieder mal erfasst. Gut. Wie meinst des überhaupt mit dem *mehr als ein Schnitzel kann man net essen?*«

Werner schnieft und legt seine Werner-Kappe auf dem Marmortresen ab.

»Ich meine des, wie soll ich sagen, im übertragenen Sinn«, sagt er. »Also quasi, in dem Fall, mehr als ein Bier kann man net trinken.«

»Freilich kann man mehr als ein Bier trinken. Ich trinke so gut wie nie nur ein Bier.«

Werner schaut ihn an und verengt bedeutungsvoll die Augen. »Aber net gleichzeitig.«

»Ach so meinst. Gut. Und jetzt zur Wette«, sagt Paul und deutet auf einen Zapfhahn. »Da, schau, da hast es. Da steht's. Schwarz auf weiß. Oder eigentlich weiß auf schwarz. Also glaubst es jetzt?«

»Tatsächlich. Zwei ›n‹«, sagt Werner. »Na ja, heißt noch lange nichts, ist ja bloß ein Zapfhahn.«

»Da hängt ein T-Shirt. Da steht's auch so drauf. Und

schau dir die ganzen Gläser an. Überall steht's so. Zwei ›n‹. Hab ich doch gesagt. Du hast verloren.«

»Dann schreibt's aber der Manni auf seiner Getränkekarte im *O'Neill's* auch falsch.«

»Halb Deutschland schreibt's falsch. Aber Guinness schreibt man mit zwei ›n‹. Und auch mit zwei ›s‹. Und aussprechen tut man's ›Ginness‹ und nicht ›Gwinness‹.«

Der Barkeeper erscheint am anderen Ende der Bar und läuft auf Werner und Paul zu. Er ist lang, dünn, bleich und glatzköpfig rasiert, aber ein Überrest von roten Haaren schimmert an seinen Kopfseiten wie ein Streichholz, dessen Phosphor erfolglos abgewetzt wurde. Es ist ein langer Weg an der ganzen Bar entlang, und bevor er die zwei erreicht, geht die Tür auf und eine gut aussehende Frau im Regenmantel tritt herein, schüttelt die lange, blonde Mähne und den Regenschirm und stellt Letzteren in den Ständer neben der Tür. Der Barkeeper läuft an Werner und Paul vorbei, die Frau kommt zum Tresen, beugt sich darüber und flüstert mit ihm. Er schenkt ihr einen Wodka mit Limonade ein und deutet zum letzten Separee, kurz vor den Toiletten. Die Frau nickt, bezahlt, nimmt den Drink, läuft nach hinten und schließt sich im Separee ein. Werner und Paul verfolgen das Geschehen mit Interesse. Dann drehen sie sich zurück zum Tresen.

»Vielleicht schreiben's die hier in Belfast falsch«, sagt Werner. »Vielleicht sind 's net so fix mit dem Rechtschreiben, die Nordiren.«

»Du meinst, die drucken es falsch auf ihre Biergläser und Plakate und Spiegel, und wir Deutschen wissen es besser. Nein, du hast nicht recht, Schluss, aus, Äpfel, gib's zu und löse endlich die Wette ein. Um die erste Runde haben wir gewettet, und du hast verloren.«

»Also gut. Two glass Guinness.«

Der Barkeeper nickt und geht zum Zapfhahn.

»Mein Gott, jetzt kriegen wir zwei kleine Biere«, sagt Paul. »Ein Glas ist ein kleines Bier hier. Du musst ›pint‹ sagen. Außerdem ›please‹. Du bist ja net in Franken. Die Leute hier sind wahnsinnig höflich.«

»Ach so, ja. Also stop, äh wait, please. Two pints Guinness, please.«

»Two pints *of* Guinness, meinst. Jetzt schauen wir mal, ob er es kann. Jawohl, Glas im Fünfundvierzig-Grad-Winkel, siehst es? Zapfhahn nicht in Berührung mit dem einfließenden Bier bringen, sehr gut. Drei Viertel einschenken, absetzen, nächstes einschenken, auch absetzen, ein Könner. Warten, warten, genau.«

Der Barkeeper wischt die Tresenfläche vor sich routiniert ab.

»Warum das ganze Brimborium?«, fragt Werner.

»Wegen dem Stickstoff. Das dauert länger, bis sich das absetzt. Schau hie, wie sich das Schicht auf Schicht von unten ablagert und von karamellfarben zu schwarz wird.«

Der Barkeeper stellt wieder ein Glas unter den Zapfhahn.

»Jetzt Glas senkrecht halten, Zapfhahn in die andere Richtung schieben und vollmachen. Ganz genau. Er kann's.«

»Vielleicht noch flambieren?«, sagt Werner.

Der Barkeeper stellt ihnen die Guinness hin.

Werner hebt sein Glas. »Also, sláinte, oder wie das wieder heißt.«

Paul prostet zurück. »Fad saol agat, gob fliuch, agus bás in Éirinn!«

»Was?«

»Das heißt ›dir ein langes Leben, einen feuchten Mund und einen schönen Tod in Irland!‹«

»Gälisch kannst wohl auch?«

114

»Habe mal einen Sprachkurs in Donegal gemacht.«

»Toll. Aber ich will doch gar nicht in Irland sterben. Wenigstens nicht gleich.«

»Das haben sich mehr die Iren unter sich gewünscht. Weil so viele auswandern mussten.«

»Können wir jetzt endlich trinken?«

»Halt! Net einfach so. Moment, erst wenn alles sich abgesetzt hat, wenn der Schaum oben so richtig sahnig-weiß ist, und das Bier schwarz. Himmel und Hölle. Gleich. Du musst den Ellbogen horizontal zum Glas halten, aber das Bier dabei nicht anschauen, sondern zum Horizont. Jetzt.«

Sie trinken.

»Merkst es?«, fragt Paul. »Das Geröstete seitlich der Zunge, wo die Geschmacksknospen sind, die malzige Süße vorne, das Bittere hinten.«

»Mein Gott, machst du einen Stress.«

»Sag mal, was trinkst du eigentlich immer im *O'Neill's*?«

»Hefeweizen.«

Die Tür geht wieder auf, eine Brünette in einem viel zu kurzen Rock und langen Stiefeln kommt herein. Sie trägt eine Shoppingtüte von Marks & Spencers. Auch sie geht an die Bar, sagt »How are yous« zu Werner und Paul, dreht sich weg, flüstert mit dem Barkeeper, holt sich ein Glas Wein, begibt sich anschließend in den ersten Snug gleich rechts beim Eingang und schließt sich ein.

»Sie hat doch gefragt, wie es uns geht«, sagt Werner.

»Schon.«

»Aber sie wollte die Antwort gar nicht wissen.«

»Nee, wollte sie nicht. Das ist hier so. Es reicht schon, wenn man danach fragt.«

»So was. So weit her ist es also nicht mit der Freundlichkeit. In Franken fragen wir wenigstens gleich gar nicht danach, wenn wir es schon nicht wissen wollen. Außerdem hat sie ›yous‹ gesagt. In der Schule haben wir gelernt, es gibt keine Mehrzahl von ›you‹.«

»Hier scheinbar schon.«

»Ich sage doch, dass die vielleicht nicht so fit mit dem Rechtschreiben sind.«

Die Frau am Tresen hat inzwischen ihre Zeitung zusammengefaltet und nippt an ihrem Gin Tonic. Sie schaut über die Separees hinweg durch die bemalten Fenster zur Straße, wo schemenhaft vorbeilaufende Passanten erkennbar sind.

Werner räuspert sich. »It has stopped to rain«, sagt er in ihre Richtung.

Sie schaut ihn kurz an. Sie hat halblange, dunkle, wellige Haare und große, braune Augen in einem bleichen, doch hübschen Gesicht. Offensichtlich war sie in den Achtzigerjahren jung, sie trägt neonblauen Lidschatten bis hinauf zu den Augenbrauen. »Yes«, sagt sie.

»Kleiner Hinweis unter Freunden«, sagt Paul.

»Was?«, sagt Werner.

»Wichtig, vor allem wenn man eine Frau anmachen will: Immer wenn man denkt, es könnte einem was im Gesicht hängen, hängt einem tatsächlich was im Gesicht.«

»Du kannst deutsch mit mir reden.«

»Du hast Schaum an der Oberlippe.«

»Brauchst bloß sagen.« Werner wischt sich den Mund mit dem Ärmel seines AC/DC-Sweatshirts ab und dreht sich wieder zur Frau. »All alone?«, fragt er.

»No.« Sie wendet sich zum Fenster.

»All clear«, sagt Werner.

»Das war ja ein durchschlagender Erfolg«, sagt Paul.

Sie trinken noch mal.

»Aaah«, sagt Paul. »Es geht nichts über ein Guinness. Außer vielleicht ein Guinness und ein Whiskey. Wenn ich mich recht erinnere, war ein Whiskey bei der Wette dabei. Die erste Runde Guinness und Whiskey haben wir gesagt.«

»Haben wir gesagt?«

»Haben wir gesagt.«

»Also gut. Was trinkt man da immer im *O'Neill's*?«

»Jameson oder Bushmills.«

»Also dann Jameson.«

»*Jamisson.*«

»Habe ich doch gesagt.«

»Jameson hast du gesagt. Wie der Name James halt mit *on*. Das heißt aber *Jamisson*.«

»Der Manni sagt es auch so. Jameson.«

»Der Manni hat keine Ahnung. Der war auch nie in Irland und soll auch lieber nicht herfahren, weil er sonst verdursten tät.«

»Dann lieber den anderen, Bushmills.«

»Bushmills.«

»Mein Gott, das habe ich aber wirklich gesagt.«

»Hast du nicht. Du hast *Bush*mills gesagt. Das heißt aber Bush*mills*.«

»Das ist aber jetzt wirklich scheißegal, oder?«

»Wegen mir. Geh halt durchs Leben als deutscher Tourist, den man mit Google Earth schon aus zwei Kilometer Höhe ausmachen kann. Mir egal. Oder gehst nur noch ins *O'Neill's* in Nürnberg. Da kannst deinen Jameson und deinen *Bush*mills und Gwinness bestellen und es mit einem ›n‹ schreiben.«

»Reg dich ab. Mein Gott. Wenn das zwei Wochen lang so weitergeht. Wo ist denn der Kellner? Hello?«

»Man sagt nicht ›hello‹, wenn man auf sich aufmerksam machen will. Da sagt man ›Excuse me‹.«

Der Barkeeper nähert sich. »Alles klar, Jungs, hello oder excuse me, egal, was soll's denn nun sein, Jameson oder Bushmills?«

»Du sprichst Deutsch«, sagt Werner.

»Klar. Hab vier Jahr in einem Irish Pub in Deutschland gearbeitet.«

»Sag bloß im *O'Neill's Pub* in Nürnberg?«, fragt Werner.

»Nee, zwei Jahre im *O'Neill's Pub* in Hannover, ein Jahr im *O'Neill's Pub* in Münster und ein Jahr im *O'Neill's Pub* in München.«

»Ach so. Gibt's des öfters?«, fragt Paul.

Der Barkeeper nickt.

»Stimmt das alles, was er sagt?«, fragt Werner.

»Was sagt er denn?«

»Guinness mit zwei ›n‹, Jamisson, Bush*mills*.«

»Stimmt alles.«

»Und ein Getu beim Einschenken von dem Zeugs wie der Pfarrer bei der Kommunion.«

»Kann man so sehen, ja.«

»Und verstehst ihn, wenn er das sagt, sag halt das noch mal, Paul, das mit dem Prost.«

»Fad saol agat, gob fliuch, agus bás in Éirinn!«, sagt Paul.

Der Barkeeper schüttelt den Kopf. »Kein Wort. Bin Protestant.« Er wischt den Tresen reflexartig vor ihnen ab, scheint sich etwas zu überlegen, dann sagt er: »Vergesst es, Jungs. Zu kompliziert. Also Bushmills oder Jameson?«

»Was ist besser?«, fragt Werner.

»Beide sind gut. Aber Bushmills ist gleich um die Ecke.«

»Dann Bushmills.«

Der Barkeeper schenkt die Whiskeys ein und stellt sie hin.

»Na dann. Trinken wir mal«, sagt Werner. »Aber jetzt einfach so, bitte, ja?«

»Gut, aber ja nicht so runterstürzen wie einen Schnaps und dann dich schütteln. Mit Verstand, gell? Am besten, du trinkst einen großen Schluck Guinness und dann einen kleinen Schluck Whiskey«, sagt Paul. »Wie das zusammenpasst. Das ist wie Rotwein und Käse oder Hefeweizen und Weißwurst oder Schlenkerla mit Zwetschgenbammes.«

»Bloß dass kein Essen dabei ist.«

Sie trinken.

»Und?«, fragt Paul.

Werner schmatzt mit den Lippen. »Hast recht. Irgendwie.«

Eine Reisegruppe kommt rein, fünfzehn, zwanzig Leute, fotografieren die Decke, die Separees, die Bar, bestellen lauter half pints of Guinness, der Barkeeper macht sich mit Engelsgeduld darüber, die Gruppe teilt sich auf und belegt nach und nach die restlichen Snugs.

Werner und Paul schauen dem Treiben zu. Bis alle verschwunden sind, haben sie kein Guinness mehr im Glas. »Jetzt bin ich dran«, sagt Paul. »Two more pints, please.«

»Was hat es mit den Kabinen auf sich, wo die Leute dauernd drin verschwinden?«, fragt Werner.

»Das sind Snugs. Für die Leute, die unter sich sein wollen. Siehst du die geschnitzten Tiere auf den Türpfosten?«

»Klar.«

»Das sind Fabeltiere, Griffins heißen die, sind eine Mischung aus Löwen und Geier.«

»Wie meine Schwiegermutter.«

Sie prusten los.

»Macht man die Tür auf oder zu?«, fragt Werner.

»Wie man will. Wenn man sie zumacht, heißt es, man will nicht gestört werden.« Paul schaut sich um. »Irgendwas fehlt hier im Vergleich zu früher. Jetzt weiß ich's. Der

Rauch. Früher hätte man hier keine fünf Meter sehen können vor lauter Rauch. Die Iren waren die Ersten, die das Rauchen verboten haben, hast du des gewusst? Ein Irish Pub ohne Rauch. Früher undenkbar. Das ist wie Sonntag ohne Klöß.«

»Fehlt bloß noch, dass sie das Schnupfen verbieten«, sagt Werner, holt sein Döschen »Aecht Altbayerischer Schmalzler« aus der Hosentasche und nimmt eine Prise.

»Immer wenn man denkt ...«, sagt Paul.

»Ist klar.« Werner putzt sich die Nase.

Neben ihnen steht plötzlich die Frau auf und geht hinten hinaus, in Richtung Toilette.

Ein Mann betritt die Bar. Er trägt Anzug und Krawatte und hat ein feistes, glatt rasiertes Gesicht mit leichter Rottönung. Er schüttelt seinen Regenschirm, stellt ihn in den Ständer und läuft breitbeinig auf den Tresen zu. Die Ledersohlen seiner Schuhe klappern auf dem Fliesenboden und hinterlassen kleine Pfützen.

»Es regnet wieder«, stellt Werner fest.

»Irland halt«, sagt Paul. »Dauernd was anders los.«

Der Barkeeper bringt die Biere. Sie trinken.

Paul deutet auf das Glas. »Hast du gewusst, dass der Schaum eines Guinness so fest ist, dass man einen alten Penny drauflegen kann, und der geht nicht unter?«

»Quatsch.«

Der Mann konferiert mit dem Barkeeper, lässt sich einen Whiskey geben, dann geht er zum letzten Separee vor den Toiletten, macht die Tür auf und hinter sich zu.

»Ich denke, wenn die Tür zu ist, will man nicht gestört werden«, sagt Werner.

»Wahrscheinlich kennen sie sich. Machen wir wieder eine Wette?«

»Wegen mir. Aber wir haben gar keine alten Pennys. Der Scheißeuro, ich sag's ja immer.«

»Tu mal deine Schnupftabakdose her«, sagt Paul. »Also du sagst, es geht nicht, und ich sage, es geht, und wer verliert, zahlt die nächste Runde.«

»Alles klar. Mensch, mach's doch bei deinem eigenen Bier. Na, toll.«

»Jetzt wissen wir wenigstens, dass es nicht stimmt.«

Der Barkeeper hat ein Tablett voller kleiner Guinnessgläser zusammengestellt. Jetzt geht er vorne herum, holt das Tablett und begibt sich in den zweiten Snug.

»Und jetzt?«, sagt Werner. »Jetzt liegt mein Schnupftabak unten im Glas, im Pint, meine ich, der Tabak ist versaut und das Bier auch. Das hast wirklich gut hingekriegt.«

»Ich zahl doch die nächste Runde, hab ich doch gesagt.«

»Ja, aber du hast jetzt ein frisches Pint vor dir stehen, und ich hab ein Pint, wo mein Schnupftabak drin schwimmt. Das ist doch ein Unterschied, oder? Und überhaupt, wo krieg ich hier in Belfast ›Aecht Altbayerischen Schmalzler‹? Hast du dir da mal Gedanken darüber gemacht?«

»Ich trink schnell aus«, sagt Paul und setzt dazu an.

»Hallo? Du hast einen Denkfehler drin, merkst denn du das net?«

»Excuse me.« Es ist die Frau, die am Tresen saß. »The man who just came in, where did he go?«

Paul deutet auf das Separee, ohne mit dem Trinken aufzuhören.

»To the blond woman?«

»Yes«, sagt Werner.

»I wasn't sure if it was the blonde or the brunette. But it's always the blondes, isn't it?« Sie beißt sich in die Unterlippe und senkt den Kopf. Dann schaut sie wieder hoch. Aus der Nähe sieht man, dass sie älter und ihre Haut vom Rauchen fein ziseliert ist. Sie lächelt müde und traurig. »And the bastard said he was in Dublin for the weekend.« Sie legt ihre große Handtasche auf den Tresen, öffnet den Reißverschluss, holt eine Pistole heraus und geht schnurstracks auf das Separee zu. Sie setzt in einer Linie einen Stöckelschuh klappernd vor den anderen, als wäre sie eine Nähmaschine.

»Das war keine gute Idee«, sagt Werner und läuft ihr nach. »Excuse me, Miss!«

Plötzlich rutscht sie auf einer Pfütze aus, ihr linker Fuß sackt nach hinten weg, und sie stürzt nach vorne. Sie streckt die Hände aus, um sich abzustützen, sucht Halt an einem Barhocker, der draußen vor dem vorletzten Snug steht, der kippt krachend um, sie fällt auf das linke Knie. Die Pistole gleitet aus ihrer rechten Hand, prallt am umgekippten Hocker ab, schlittert hinter der Frau zurück in den Saal und knallt gegen die Holzwand der Snugs. Auf allen vieren krabbelt sie hinterher, streckt die Hand nach der Pistole aus.

Aber Werner stellt seinen Fuß darauf.

Die Frau setzt sich auf ihren Hintern und fängt an zu schluchzen, ob aus Ärger über das Scheitern ihres Vorhabens oder aus Verlegenheit wegen ihres ungelenken Sturzes ist nicht klar. Von ihrer Wimperntusche laufen zwei schwarze Spuren über ihre Wangen. Werner hebt die Pistole mit der rechten Hand auf, die linke streckt er ihr entgegen. »Ach Miss, don't make you unlucky. He is it not worth. Bestimmt.«

»He means unhappy.« Paul ist dazugekommen und reicht der Frau auch seine Hand. »Unlucky ist man im Glücksspiel, Mensch.«

Werner und Paul helfen der Frau auf die Füße, dann stellt Werner den Hocker wieder auf. Im Pub ist es mit der Ruhe dahin. Snugtüren gehen klappernd auf, Leute steigen quiet-schend auf die Lederpolster und schauen über die Holzwän-de. Der Barkeeper erscheint aus dem ersten Snug, holt sein Handy heraus und tippt darauf herum. Die Frau schüttelt sich, ihr Gesicht verkrumpelt sich wie ein zusammengedrück-tes Blatt Papier, sie stößt einen furchtbaren, gepressten Laut aus, wie ein Motor, der aufheult, und läuft zur Tür. Der Absatz ihres linken Schuhs knickt um, sie wedelt mit den Armen und stürzt fast wieder. Einer der Touristen lacht laut auf. Sie zieht den linken Schuh aus und schleudert ihn in seine Richtung, er weicht aus, der Schuh knallt gegen die Holzwand hinter ihm. »Fucking tourists«, sagt sie und läuft ein paar Schritte weiter humpelnd und krumm. Diesmal lacht niemand. Dann zieht sie auch den rechten Schuh aus, lässt ihn auf dem Fliesenbo-den liegen und verlässt das Pub barfuß.

»Also von dieser berühmten Freundlichkeit merkt man fei net viel«, sagt Werner.

Inzwischen ist auch die Tür vom letzten Snug aufgegan-gen, und die blonde Frau erscheint.

»What's going on?«, fragt sie.

Hinter ihr erscheint der Mann. Er hat einen hochroten Kopf und fährt mit der Hand durch sein Haar.

»Your woman was here«, sagt Werner zum Mann und zeigt die Pistole.

»He means your wife«, sagt Paul. »›Woman‹ heißt Weib, also halt net verheiratet.«

»But I am his wife«, sagt die Frau.

Der Mann schaut auf die Pistole, und sein Mund bewegt sich ein paar Mal auf und ab.

»So who was the woman?«, fragt die Frau. Sie schaut von Werner zu ihrem Mann, dann zum schwarzbraunen Schuh, der umgekippt am Boden liegt wie ein gekentertes Boot.

»Jetzt check ich's«, sagt Werner. »Das ist bestimmt so a Art Krimidinner. Für die Reisegruppe. Halt wieder ohne Essen. Und das ist bestimmt eine Spielzeugpistole.« Er legt sie auf den Hocker. »A play pistol«, sagt er zum Mann. »For fright, not for kill. This is a crimepub, right?«

Aber die beiden ignorieren ihn.

»The woman who was sitting at the bar«, sagt die Frau sinnierend und läuft an ihm vorbei. »Wait a minute. I've seen that shoe before.« Sie geht zum Schuh hin, hebt ihn mit der linken Hand auf und hält ihn an der Spitze. »I saw those brown shoes in a box in our wardrobe. I thought they were going to be a birthday present for me.«

Sie bewegt sich auf ihren Mann wieder zu und macht stoßende Bewegungen mit dem Schuh. »You gave them to that slut, didn't you? You're up to your tricks again, you bastard. I warned you.«

»Weißt was?«, sagt Werner zu Paul. »Eine Fußballübertragung wäre mir lieber. Gehen wir woanders hin, wo man in aller Ruhe Bier trinken kann und net so a Theater anschauen muss. Auch wenn's umsonst ist.«

»Hast recht«, sagt Paul. »Hab schon ausgetrunken. Ich hab kurz gedacht, die bringt den echt um.«

Sie gehen an der Frau vorbei und verlassen das Pub nach rechts.

»Also muss des sei«, sagt Werner. »Alles für die Touristen. Kapierst du jetzt, das des ungerecht war?«

»Was?«

»Du bist mir ein Bier voraus, weil du mir mein Bier versaut hast, Mensch.«

»Na schau ich halt zu, wie du das erste Bier trinkst, in Ordnung?«

»Ordnung. Endlich hast es gecheckt.«

Aus dem *Crown* ist die Sonne ganz gewichen, aber das Gas ist trotzdem nicht der alleinige Lichtgeber. Von den Seitenfenstern drängt sich eine neue Quelle durch das Buntglas in den Innenraum. Es ist das leuchtende, pulsierende Blau eines Polizeiautos. Der Mann vom letzten Snug liegt inzwischen rücklings auf dem Polster, Beine und Arme ausgespreizt. Er ist tot, müsste es aber nicht sein, seine Frau wollte ihn gar nicht umbringen. Aber just in dem Moment, als sie die Erkenntnis durchfuhr, dass er sie schon wieder betrogen hatte, als sie reflexartig ausholte, um auf ihn einzuprügeln, hielt sie in der rechten Hand den Stöckelschuh an der Spitze, mit dem Absatz voraus. Dieser steckt jetzt in seinem Hals; um ihn herum quillt Blut, fließt glitschig über die Lederpolster und tropft auf die Mosaikfliesen am Boden. Das Blut bildet eine neue Farbkomponente im Gesamtschema, denn im Wechselspiel zwischen Gaslicht und Blaulicht erscheint es mal rot und dann tiefschwarz. Rot, tiefschwarz. Rot, tiefschwarz.

Petra Nacke

Schwarzes Gold

»Fässer voller Porter, wunderbar. Da sind auch Ratten drin. Saufen sich voll, bis sie wie Wasserleichen aussehen. Und so was trinkt man nun. Das muss man sich mal vorstellen. Rotz, Kotz. Na ja, wenn wir alles wüssten.«

James Joyce, *Ulysses*

Diese Geschichte mit den Ratten im Porter ist eine überaus unappetitliche, und die Brauer taten gut daran, sie lange unter Verschluss zu halten – Deckel zu, Ratte tot.

Natürlich ist es ihnen nicht gelungen, den alten James Joyce mundtot zu machen, aber er hatte es immerhin schwer. Es musste erst eine Amerikanerin kommen – ausgerechnet eine Amerikanerin, zudem eine Amerikanerin in Paris! –, um sein Gekritzel zu verlegen und es hinaus in die Welt zu schicken. Danach wurde er zum Gott der Schriftsteller und der Irlandreisenden (die grundgütige Verlegerin ging nebenbei pleite. So ist die Welt.)

Dummerweise blieb die Geschichte mit den Ratten nicht am Porter kleben, sondern am Guinness, wanderte also von England nach Irland, weshalb sich die irischen Brauer nun ihrerseits etwas einfallen lassen mussten. Sie baten also eine andere Goldfeder um Hilfe. Mrs Dorothy L. Sayers, die Dame hatte es übrigens mithilfe von Kriminalromanen zu einiger Berühmtheit gebracht, ließ sich, motiviert durch ein saftiges Salär der Guinnessbrauerei, den Spruch einfallen: »Guinness is good for you.« Ein Spruch ebenso schlicht wie einfältig. Aber bitte sehr, der Mist hängt bis heute in jedem zweiten Irish Pub weltweit herum und dürfte damit einer der erfolgreichsten Slogans aller Zeiten sein – Gott sei's gepfiffen und getrommelt!

***

Ich interessiere mich für beides: für Literatur und für Ratten. Für Literatur, weil es der Erbauung dient, und für die Ratten – na ja, sagen wir es so: Man sollte seine Feinde kennen! Und ich interessiere mich für Bier, genauer gesagt: für das, woraus es gemacht wird.

Was Sie noch über mich wissen sollten, ist, dass ich menschliche Gerüche für überaus unangenehm halte. Warum? Menschen kochen, grillen, dünsten – nichts, was ein denkendes Wesen mit seiner Speise tun würde, tut der Mensch und zieht dabei einen überaus ekelhaften Dunstschleier hinter sich her. Wenn der Mensch wüsste, wie widerlich er anderen Geschöpfen ist! Da, wo Mensch am meisten Mensch ist, stinkt er. Er stinkt zum Himmel.

Rauchen war eine gute Erfindung, meiner bescheidenen Meinung nach. Rauchen bindet die Gerüche der Bedürftigkeit und von daher kann ich nur sagen: Ich mochte Maureen vom ersten Augenblick an.

***

Maureen rauchte wie ein Schlot, doch das trifft es nur im bildhaften Sinne. Tatsächlich rauchte Maureen Lynch wie eine, die sich verteidigen wollte, wie eine, die begriffen hatte, dass Leben Kampf ist. Egal ob in der fränkischen Provinz oder in der Thomas Street in Dublin.

Ihre Mutter lebt immer noch in diesem Stadtteil, der auch immer noch »The Liberties« heißt, obwohl das ein Witz ist, außer man meint, Arbeitslosigkeit sei auch eine Form von Freiheit. Maureens Vater jedenfalls hielt es nach seiner Entlassung im Zuge der Vollautomatisierung der Guinnessbrauerei noch genau zwei Jahre in The Liberties. Zwei Jahre, in denen er seine Leber und sein ganzes Leben von Bier auf billigen Fusel umstellte, was weder der Leber noch dem Familienleben zuträglich war.

Maureens Mutter blieb. Das war sie der Tradition schuldig, denn bevor Rosina Lynch den musikalisch zwar begnadeten, ansonsten aber vollkommen lebensunfähigen Sean Lynch geheiratet hatte, war sie nämlich eine Guinness, und ja: Ich höre es da schon klicken in Ihren werten grauen Zellen – sie war eine aus dem berühmten Geschlecht der Bierbrauer und Rekordverwalter. Ihre Tochter Maureen war also auch zum guten Teil eine Guinness. Und weil sie nun einmal Guinnessgene in sich trug, lag ihr sowohl das Bierbrauen als auch das Kämpfen im Blut.

***

Katja Filsner hatte ähnliche, wenn auch nicht so berühmte Gene. Sie war das, was man eine klassische Wirtshaustochter nennt. Aufgewachsen in einem oberfränkischen Dorf, das wir aus Rücksicht nicht bei seinem echten, stattdessen bei seinem Fantasienamen Firnsbach nennen wollen.

Katja war seinerzeit zwar auf den schönen Namen Katarina getauft worden, doch ihre Mutter nannte ihre Tochter vom Tag der Geburt an Katja, weil es sie nämlich in die östlichen Weiten, genauer gesagt: Richtung »Doktor Schiwago«, also zur Romantik hinzog, was die Filsnerin mit den Jahren zu einer Art fränkischer Madame Bovary und ihre Tochter zu einem einsamen und trotzigen Mädchen werden ließ.

Katja hasste den grobschlächtigen Vater und ebenso ihre nervöse, ständig an irgendetwas nicht Fassbarem leidende Mutter. Sie verachtete die Stammgäste des elterlichen Brauereigasthofs, die spätestens nach dem vierten Bier anfingen zu pöbeln und bis dahin über nichts anderes sprachen als Fußball. Sie ekelte sich vor den vierschrötigen Dorfburschen und ganz besonders vor Georg Haberer, der von allen nur *der Gerch* genannt wurde, nach seinen Schafen stank und seine Hände nicht von ihrem Hintern lassen konnte – *Geh, Madla kumm scho, etz hammer a Gaudi!* Sie verabscheute die verlogenen Mittagessen am Sonntag, an denen die Leute bei Schweinebraten und Kloß heile Familie spielten. Und sogar das, was dem Vater und allen anderen in Firnsbach so sehr am Herzen zu liegen schien, widerte sie an: das vielgerühmte Filsner-Bier.

***

Das konnte auf Dauer nicht gutgehen. Die Stimmung im Hause Filsner verdüsterte sich von Tag zu Tag und schwappte natürlich auch in die Wirtsstube. Abends beim Schnaps, wenn nur noch der Stammtisch besetzt war, kam das Thema Katja immer öfter aufs Tapet, dabei war man sich eigentlich schon lange einig darüber, was zu tun sei.

»An Kerl braucht's, däi Lusch. An Kerl, der waß, wo der Bartl den Most holt. Und wenn's net horcht, dann krichds a Drümmer Schelln!«

Außerhalb der Gaststube und jenseits der Freischnäpse war man sich ebenfalls einig, nämlich darüber, dass der

Filsnerwirt im Grunde ein Weichei war, der sich von seinen beiden Weibsbildern auf der Nase herumtanzen ließ.

Und weil der Haberer Gerch kein Weichei und sowieso schon die ganze Zeit sauer war über Katjas ständige Abfuhren, beschloss er eines Tages, die Sache selbst in die Hand zu nehmen und der Bridschn zu zeigen, wo der Bartl den Most holt, also, was so ein richtiger Mann mit einer wie ihr macht – Schelln inklusive.

Als Katja zwei Wochen später aus dem Krankenhaus entlassen wurde, packte sie wortlos ihre Koffer und ging. Auch der Rest von Firnsbach deckte den Mantel des Schweigens über die Angelegenheit, obwohl jedermann Bescheid wusste.

***

Katja ging nach Hamburg und kämpfte gegen die Träume, in denen sie immer wieder in einem Maisfeld lag, den beißenden Atem eines tollwütigen Tieres im Gesicht, seine Pranken auf und alles Mögliche in ihrem Körper.

***

Sie bemühte sich, wenig zu schlafen. Sie jobbte, sie zog um die Häuser. Sie lernte Menschen kennen, langsam mögen – und als Maureen kam, sogar endlich auch wieder lieben.

Mit Maureen kamen der Wind und die Weite. In Hamburg geht so etwas. Das Leben fühlt sich so leicht an. Man flattert darin herum, als würde man ständig gekitzelt. Man lacht auf dem Priwall oder der Hamburger Hallig. Man küsst sich im Frühling im Alten Land und zum Silvesterfeuerwerk an der Binnenalster. Man schlendert Händchen haltend morgens um fünf über den Fischmarkt und liegt ein paar Stunden später eng umschlungen in einem Timmendorfer Strandkorb. Vor allem aber denkt man nicht mehr an *den Gerch* und alles, was mit Gerch zu tun hat. Man hat und ist quasi gerchfrei.

Und plötzlich beginnt sogar das Bier zu schmecken, denn Maureen ist Braumeisterin. Und Katja, plötzlich ganz wild auf Gerstensaft, lässt sich zum ersten Mal in ihrem Leben auf Bier ein und wird sogar Biersommelière – Bierschmeckerin.

Und dann, irgendwann – vielleicht war es der nussige Geruch von frisch geröstetem Malz, vielleicht eher die herbe Bitterness des Hopfens –, zog es sie zurück in die fränkische Provinz.

Mit einiger Wahrscheinlichkeit hatte der Tod ihres Vaters damit zu tun.

Sie kam zwei Monate nach seiner Beerdigung aufgetankt mit Selbstsicherheit, einer Vision und – mit Maureen.

Ihr hättet sie sehen sollen, die braven Firnsbacher, als die beiden Frauen zum ersten Mal Händchen haltend durch den Ort liefen! Ein Skandal, ein Sakrileg! Es heißt, der Pfarrer hätte sich an jenem Tag in Krämpfen auf dem Boden der Sakristei gewunden, Schaum vor dem Mund, wüste Verwünschungen ausstoßend!

Das ist aber nur dummes Gerede, denn erstens hatte der Pfarrer durchaus Verständnis für gleichgeschlechtliche Liebe und zweitens ein arges Rückenproblem, was nicht einmal den Gedanken an Herumwälzen zuließ.

Aber so ist das mit dem Gerede: Mit dem Erzählen und Nacherzählen wird immer mehr Farbe in die Brühe gekippt, bis sie regenbogengleich schillert, obwohl sie bei näherem Betrachten nicht mehr und nicht weniger ist als eine trübe Brühe.

Über die Wutanfälle vom Gerch wurde nicht geredet, obwohl die nicht zu überhören waren, selbst wenn sie meist hinter verschlossenen Türen stattfanden. Dabei meinten sogar seine Kumpel, er solle die Bälle lieber mal flach halten wegen damals und so, und auch aus Rücksicht auf die alte Filsnerin, die ohnehin schon schwer genug beladen sei. Nicht nur den Mann verloren, sondern auch noch eine Lesbe zur Tochter, die mit einer Ausländerin rummacht und sich obendrein einbildet, hier die Biertradition umkrempeln zu müssen.

Folgerichtig war denn auch vom Stammtisch beschlossen worden, das *saubere Etablissement* in Zukunft, wenn möglich, zu meiden. Dieses halbherzige Vorhaben wurde durch den Umstand begünstigt, dass das *Filsner-Bräu* wegen der Renovierungsarbeiten sowieso vorübergehend geschlossen wurde.

***

Katja und Maureen hatten eines der seit Jahren leer stehenden Gästeapartments bezogen, sich aber weder um dessen Gestaltung gekümmert noch um Katjas Mutter, die gleich nebenan in der großen Wirtswohnung vor sich hin dämmerte, von Doktor Schiwago und den Weiten der russischen Taiga träumte. Stattdessen hatten sie all ihre Energie und finanziellen Mittel in die Erneuerung der Brauerei und des Gastraums gelegt. Und sie hatten Material für eine neue, gute Bierreihe angeschafft. Motto: Klasse statt Masse.

Im Herzen der *Klasse* sollte zunächst einmal nur ein fränkisches Guinness stehen, bestehend aus gemälzter und gerösteter irischer Gerste, deutlich mehr Aroma- als Bitterhopfen und Wasser aus dem eigenen Bach, der schon seit Generationen Grundlage des Filsner-Biers war. Und natürlich war es ausgerechnet dieser Bach ...

***

Aber lassen Sie mich an dieser Stelle eine Winzigkeit in eigener Sache einschieben, denn den Beginn dieser neuen Brautradition habe ich in allerbester Erinnerung. Es war für meine ganze Familie so etwas wie eine Revolution, ein Quantensprung des Geschmacks, den die beiden Frauen in unser Leben brachten. Was haben wir gestaunt und gejubelt, als die ersten Säcke mit gerösteter Gerste eintrafen. Der Sack wurde geöffnet und sein Inhalt in die Schrotmühle geschüttet – oh, welch verführerischer Duft! Die Ratten sind sofort losgesprungen. Ich konnte sie verstehen. Ich wäre auch sofort losgesprungen, rein ins Malzparadies und fressen, fressen, fressen. Aber ich habe mich zurückgehalten. Wir alle haben uns zurückgehalten – schon wegen der Ratten. Wo Ratten sind, halten wir uns immer zurück. Das war auch gut so, denn einer Mühle ist es egal, wer oder was in ihr zermahlen wird.

Sowieso gab es eine etwas einfachere und sicherere Lösung, an das leckere Malz zu kommen. Dazu mussten wir nur den Moment abwarten, in dem die Klappe der Mühle wieder geöffnet und das Malzschrot in die Portionseimer gefüllt wurde – eine unbeschreiblich großartige Duftexplosion! Außer, wenn es gerade mal wieder eine Ratte erwischt hatte.

Und ja, natürlich gab es auch bei diesem Weg bedauernswerte Opfer, denen ihre Gier zum Verhängnis wurde, denn wer nicht rechtzeitig wieder aus dem Eimer heraussprang, landete im Maischebottich und ersoff. Dieser Tod wurde später übrigens bei uns und bei den Ratten zu einer Art rituellem Opfertod glorifiziert – nun ja, wer's braucht.

Mir hat immer das gereicht, was auf den Boden gefallen war. Ich habe schließlich eine Geschichte zu erzählen, und die hat mit Bier zu tun.

***

Die Idee der beiden Frauen funktionierte. Man hatte das Filsner-Guinness in Fill's-Guinness umbenannt, das fand besten Zuspruch in den Kneipen von Bamberg bis Nürnberg, und als das elterliche Wirtshaus endlich, dank der Renovierung, von allem Elterlichen befreit war, auch dort.

Weil das Guinness so gut lief, verzichtete man bald auf den Zukauf fremder Biere, und Maureen kreierte eigene Marken: Porter, Stout, Indian Pale Ale. Sie experimentierte mit verschiedenen Malzsorten, verfeinerte den letzten Sud mal mit tschechischem, mal mit belgischem Aromahopfen, erhöhte oder verringerte Temperaturen oder Stammwürze. Kurzum: Sie blühte auf in ihrer Profession. Die Rohstofflieferungen nahmen ständig zu. Ich kann nur sagen: Die Brauerei wurde zu einem wahren, zu einem wohlschmeckenden, duftenden Paradies!

Aber nicht nur wegen all des neuen Getreides bekam der ganze Hof nach und nach einen anderen Geruch. Das lag auch an den Gästen. Es kamen immer mehr Fremde nach Firnsbach, Menschen, die den Brauerinnen über die Schulter sehen, vor allem aber ihr außergewöhnliches Bier trinken wollten. Die Stammtischrunde war nach monatelangem Boykott der Wirtschaft von Neugierde und Bierdurst getrieben auch irgendwann wieder aufgetaucht, doch ihr muffiger Geruch verlor sich in der Vielzahl der neuen Düfte. Dann, eines Abends, mit jeder Menge unverdauter Wut und einer Dreiviertelflasche Doppelkorn im Bauch, erschien der Gerch.

***

Er war in die brechend volle Wirtschaft geplatzt und schnurstracks Richtung Tresen marschiert, hinter dem Maureen
stand und Bier zapfte. Er hatte ein Guinness bestellt, was
er auch bekam, denn Maureen hatte zwar einiges über ihn
gehört, ihn aber noch nie gesehen. Sie dachte sich also nichts
dabei. Die Stammtischler, ob ihrer Treulosigkeit von Gerch
mit einem abfälligen Blick gestreift, dachten wahrscheinlich
auch nicht viel, aber eines ganz gewiss: Das riecht nach Zoff!

Der Stunk hing binnen kurzer Zeit tatsächlich derartig
dick in der Luft, dass er von nichts anderem überdeckt werden konnte.

***

Bei der Bestellung des zweiten Bieres, das erste hatte er ohne
abzusetzen in sich hineingeschüttet, streikte Maureen. Der
Kerl hatte offenbar woanders schon vorgeglüht, was ihr vor
lauter Bierzapfen nicht aufgefallen war. Es kam zu einem
Wortwechsel, der rasch an Lautstärke und Intensität gewann.
Dann zerschellte ein Glas am Boden. Die meisten Gäste
schauten zum Tresen, die Stammtischler nicht. Die starrten
mit eingezogenen Hälsen Richtung Küche, denn just in diesem Moment trat Katja durch die Schwingtür, ein großes
Holzbrett mit fränkischer Brotzeit in beiden Händen haltend.

Blicke über Banden, wie beim Billard: Katja sieht Gerch,
Gerch sieht Katja, Maureen sieht Katja. Man sieht, wie Katja das schwere Holzbrett aus den Händen gleitet und quasi
in Zeitlupe auf den Boden fällt. Die Presssackscheiben ver-
teilen sich auf den Dielenbrettern, die Leberwurst und der
Schinken schweben hinterher, dann das Bauernbrot, die

Gewürzgurke, die Butter und – wie ein Witz: ein Zweiglein Petersilie.

So soll der Tod sein. Alles zieht in Einzelbildern an dir vorüber. Aber es gibt keinen Tod. Es gibt nur Bilder. Bilder wie aus einer Polaroidkamera, Momentaufnahmen.

Und dann ein Schrei, der sich anhörte, als wäre er über Monate und Jahre hinweg angestaut worden, wie Magma in einer Kammer unter der dünnen Erdkruste. Nur war es keine rotglühende Lava, die aus einem Vulkan herausgeschleudert wurde, es war der gellende Schrei einer Frau, die in ihren Träumen immer wieder in ein Maisfeld geschleudert und von einer Bestie zerrissen wird.

Es waren erstaunlicherweise ausgerechnet die Stammtischler, die den wild um sich schlagenden Gerch aus der Wirtschaft zerrten, was in dieser Situation sicherlich die beste aller Möglichkeiten war, vor allem, wenn man an Maureens Augen denkt, als sie begriff, wer er war.

**

Für Katja war es wie eine Erlösung, zu sehen, dass die Albtraumbestie doch nur ein Mensch war – ein übler zwar, aber ein Mensch. Sie blühte geradezu auf nach diesem Ereignis. Und mit ihr das Filsner-Bier.

Die neuen Sorten wurden immer besser angenommen. Man veranstaltete Biertastings und lud Biersommeliers aus ganz Deutschland ein. In wichtigen Fachzeitschriften und Internetportalen erhielt das Filsner-Bräu euphorische Artikel, und tatsächlich schien sich die Qualität der Filsner-Biere seit Kurzem noch einmal gesteigert zu haben. Sie hatten, so konnte man lesen, mehr Substanz als andere Biere, mehr Biss, mehr Körper. Mehr *Körper* also?

***

Katja und Maureen hatten den Kadaver nur durch Zufall entdeckt bei einem Spaziergang. Der Bauch war so aufgedunsen, als wäre das tote Schaf vor Kurzem noch schwanger gewesen. Nur umtanzten anstelle eines munteren Lamms Schwärme von grüngoldenen Fliegen den Teil des stinkenden Leibes, der sich wie ein kleiner Felsen aus dem rauschenden Bächlein reckte. Als sie es herauszogen, entdeckten sie den violetten Farbklecks in seiner Rückenwolle. So markierte nur einer seine Tiere. Es war ein Haberer-Schaf, es hatte Gerch gehört. Wie viele Liter »Schafswasser« waren schon in den Braukessel geflossen? Wie lange trank man schon totes Schaf?

***

Ja, ich weiß, was Sie jetzt denken: ekelhaft, widerlich! Rotz, Kotz, wie bei Joyce. Irgendwas in dieser Art.

Das waren auch die ersten Gedanken von Katja und Maureen, möchte ich mal vermuten. Aber seien wir doch mal ehrlich: Die regelmäßigen Todesopfer in meiner geliebten Familie und bei den Ratten werden am Geschmack des Bieres auch nicht spurlos vorübergegangen sein. Nun also ein totes Schaf – so what!

Wie hätten sie denn zurückrudern und all die positiven Bewertungen erklären können, bitteschön? Wie einem Bierkritiker von Rang erzählen sollen, dass die großartige *Körperlichkeit*, die er dem Filsner-Bier gerade noch in seinem neuesten Blogbeitrag attestiert hatte, von einem toten Schaf stammte?

Und sowieso – Maureen bekam sich gar nicht mehr ein: waren nicht alle echten Genüsse auch ein bisschen ekelhaft?

Stammte das wertvolle Moschus nicht aus einer Ochsen- oder Rattendrüse? War Ambra, das mit Gold aufgewogen wird, nicht letztlich nur das Ergebnis einer Verdauungsstörung im Darm des Pottwals?

»Und der Gerch«, ergänzte Katja, »ist der nicht eigentlich auch nur eine Verdauungsstörung im Fluss der Erinnerung?« Maureen lächelte.

***

Etwas später wurde ein neues Filsner Bier vorgestellt und sogar von der internationalen Fachpresse euphorisch gefeiert. Ein Künstler hatte das Etikett geschaffen. Es zeigte einen Männerkörper mit einem hellgrünen, grinsenden Schafskopf.

Für uns war die Entwicklung dieses Märzenbräus eine harte Zeit, denn die Malzmühle stank über Wochen ganz widerlich nach Mensch. Aber das *Gerchla* wurde, wie gesagt, ein unglaublicher Erfolg.

Alexander Pfeiffer

Tränen und Bier

*»There's a tear in my beer
cause I'm cryin' for you, dear
You are on my lonely mind«*

Hank Williams – *There's a Tear in My Beer*

Das ist das Gute am Bier: Es tröstet so verlässlich wie Schnaps, aber es lässt sich besser dosieren. Es tötet den Schmerz genauso gründlich ab, lässt einem aber mehr Handlungsspielraum. Es gewährt einem viele kleine Entscheidungen im Laufe einer Nacht: Will ich noch eins? Brauche ich noch eins? Schaffe ich noch eins? Man trifft seine Wahl, Bier für Bier.

Die Flasche hinterlässt einen feuchten Ring auf der Tischplatte, als ich sie anhebe und zum Mund führe. Es ist die fünfte für diese Nacht. Ihr Glas ist grün und leuchtet im fahlen Licht der Deckenlampe, das sich wie eine Glasglocke über den Küchentisch wölbt.

Unter dieser Glocke aus Licht liegen der Lauf, das Magazin, das Griffstück, das Rohr und die Feder meiner P30. Eine Halbautomatik von Heckler & Koch. Gehörte mal einem Bullen. Bis Erol sie ihm abgenommen hat. Die Bullen halten sich für besonders schlau. Aber die meisten von ihnen sind Idioten. Und Erol war schon immer ein Fuchs.

Es heißt, niemand könnte einem Bullen die Dienstwaffe aus dem Holster ziehen. Weil sie doppelt gesichert sind. Zwei Sicherungen! Direkt am Holster! Und beide müssen jeweils mit Daumen und Zeigefinger entriegelt werden, bevor die Waffe herausgenommen werden kann. Praktisch unmöglich für einen Fremden, der das Holster nicht selbst an der Hüfte trägt. Sagt die Polizei. Aber die Lutscher sagen so viel, Mann. Wenn man weiß, wie's geht, kann es jeder. Und Erol wusste, wie's geht.

Die Pistole selbst hat überhaupt keine Sicherung. Ist jederzeit schussbereit, wenn sie geladen ist. Damit die Bullen immer sofort losballern können. Oder jeder andere, der so eine Waffe besitzt. Wie ich, zum Beispiel.

Alle Teile sind schwarz. Die Seriennummer ist an der Seite des Laufs eingraviert. Rohr, Feder und die Innenseite des Laufs sind geölt und gereinigt, auch das Magazin habe ich von außen leicht eingeölt.

Ich setze die Flasche wieder auf dem Tisch ab, dann greife ich nach dem Rohr und lege es in den Lauf ein. Schiebe es nach hinten, bis es verriegelt. Setze die Feder ein. Dann den Lauf auf das Griffstück. Schiebe ihn nach hinten, arretiere ihn bündig. Drücke den Fanghebel rein – der Lauf schnellt nach vorne. Jetzt noch entspannen.

Im Magazin stecken 15 Patronen, 9 mm Parabellum. Ich schiebe es in das Griffstück, bis es einrastet. Ich ziehe den Lauf zurück, lasse ihn nach vorne schnalzen. Ein schönes, sattes Geräusch.

Die P30 ist ein klobiges Teil, aber man hat etwas in der Hand, das lässt sich nicht leugnen. Das Griffstück ist aus Kunststoff, der Rest ist schimmerndes Metall. Bei so vielen Jobs hat sie mich schon begleitet. Und nie hab ich sie benutzt.

Genau das ist ja der Sinn von Schusswaffen: Man nimmt sie mit zum Job, um niemanden verletzen zu müssen. Man zeigt den Leuten das Ding. Man lässt es sie sehen. Das reicht. Die Waffe fixiert sie. Sie starren darauf und rühren keinen Muskel mehr. Angeblich haben Schlangen eine ähnliche Wirkung auf Menschen. Ich bin noch keiner Schlange begegnet. Einer Schusswaffe auch noch nicht. Die bringe immer ich selbst mit.

Meine freie Hand greift nach der Bierflasche. Sie ist so viel leichter als die Pistole. Nichts mehr drin. Ich stelle sie zu den anderen. Wie eine Reihe salutierender Soldaten stehen sie da. Rote Bauchbinden, grüne Hälse. Keine Gesichter. Eine gleichgültige Armee, ausgeleert wie ich selbst.

Als ich die P30 vor mir ablege, jetzt wieder in einem Stück, schimmernd im Licht und einsatzbereit, da fällt etwas aus meinem Gesicht neben sie. Es hinterlässt kleine feuchte Punkte auf der Tischplatte. Ich wische sie weg, angewidert, zitternd vor Wut.

»I'm gonna keep drinkin'
until I'm petrified
and then maybe these tears
will leave my eyes«

Aus dem Kühlschrank kommt ein Licht, das besänftigend wirkt. Die Flaschen funkeln mich an. Ich entscheide, dass ich noch eine brauche. Bier Nummer sechs. Ich hebele den Kronkorken mit dem Pistolenlauf von der Flasche und nehme wieder meinen Platz am Küchentisch ein.

Es ist, als würde das kalte Bier in mir drin aufschäumen und bis in meinen Schädel steigen, um dort mein überhitztes Hirn zu kühlen. So haben Erol und ich das auch immer gemacht, nach einem Job. Wenn alles erledigt war. Wenn alles glattgegangen war. Ein kaltes Bier zum Runterkommen. Ein zweites, um das Adrenalin aus dem Körper zu spülen. Ein drittes zur Belohnung. Ein viertes, um unsere Freundschaft zu feiern. Und so weiter. Auch nach unserem letzten Job. Als wir noch glaubten, alles sei glattgegangen.

Das Ziel war ein Wettbüro im Westend. Sportwetten. Fußball, Pferderennen, American Football. So ziemlich alles, worauf sich eine Wette abschließen lässt. Erol hatte den Laden ausfindig gemacht. Hatte den Betrieb mehrere Wochen lang genau beobachtet, kleine Wetten abgegeben und stundenlang in der Bar rumgelungert. Bis er die Abläufe im Detail kannte.

Sie bewahrten die Tageseinnahmen in einem Safe auf. Der stand in einem kleinen Büro, das aus dem Kundenbereich mit der Bar und den vielen Fernsehmonitoren nicht einsehbar war. Der beste Geschäftstag war der Samstag. Also gingen wir an einem Samstagabend hin, kurz bevor sie schließen wollten.

Nur noch drei versprengte Typen an der Bar. Die Tür zum Büro sogar einen Spalt offen. Als wollten sie es uns noch ein bisschen leichter machen. Ich zeigte den beiden Jungs im Büro die P30. Sah zu, wie die Muskeln in ihren Körpern erschlafften. Ihre Augen fixiert von der Mündung. Das Ganze dauerte keine fünf Minuten.

Knapp dreitausend Euro für fünf Minuten Arbeit! Wirklich unglaublich, wie gut das erste Bier nach einem gelungenen Job schmeckt! Und das zweite. Und alle weiteren, die man noch will und schafft. Und nach so einem Job wie dem in dem Wettbüro schafft man einige. Erol und ich hatten ganz schön was zu feiern an diesem Abend. Ich noch ein bisschen mehr als er. Dachte ich jedenfalls. Und ich war nicht allein. Pam feierte mit uns. Mit mir. Dachte ich jedenfalls.

Wenn das stimmt, was man über Schlangen und ihre Wirkung auf Menschen sagt, dann muss das vor mir auf dem Tisch da eine Schlange sein. Der glitzernde schwarze Körper mit der eingravierten Seriennummer. Das tödliche Gift darin. Wenn ich noch etwas Anstand hätte, würde ich sie nehmen und damit ein Loch in meinen Kopf machen. Ein Loch, aus dem all diese Wut abfließen könnte. All dieser Schmerz.

Aber ich habe sie noch nie benutzt, und ich will jetzt nicht damit anfangen. Also greife ich mir stattdessen lieber das Telefon. Als ich die Nummer eingebe, klatscht ein einzelner Tropfen Salzwasser auf die Tastatur. Könnte von der Zimmerdecke herabgefallen sein. Oder aus meinem Gesicht. Ich puste ihn an, als wäre es eine Seifenblase. Aber er rührt sich nicht. Will nicht verschwinden. Ich presse meinen Daumen darauf, bis die Haut das Salzwasser aufgesogen hat. Dann gebe ich die Nummer noch mal von vorne ein.

»It seems my life is through
and I'm so doggone blue
You are on my lonely mind«

Nach dem Telefonat brauche ich noch ein Bier. Nummer sieben für diese Nacht. Wunderbar kalt liegt die Flasche in der Hand. Wunderbar kalt umspült ihr Inhalt mein kochendes Hirn. Genau wie früher. Mit Pam. Wenn wir mit einem Streit durch waren. Wenn unsere Kehlen wundgebrüllt waren und wir eine Abkühlung brauchten.

Wir waren uns selten über irgendwas einig, Pam und ich. Aber ich wollte, dass sie bei mir bleibt. Weil ich mir nicht vorstellen konnte, ohne sie zu leben. Ohne diese Haare. Dieses Schimmern, das selbst im Dunkeln noch leuchtete. Ohne diese Augen, die auf mich herabschienen, als hätte sie jemand in den Himmel gehängt. Diese Schultern, die so verletzlich wirkten, immer leicht nach vorne gewölbt. Diese Finger. Wie zehn seidenweiche Raupen, wenn sie an meinem Schwanz auf und ab wimmelten. Ich hatte sie gerade erst ausgiebig gefickt. Und schon wurde ich wieder hart. Ihr warmer Atem an meinem Ohr: »Wie schön, dass mein Lieblingsspielzeug so gut funktioniert.«

Es war ihre Idee, aus dem Job im Wettbüro noch ein bisschen mehr rauszuholen. Für uns beide. Sie sollte die dreitausend Euro an sich nehmen und in ihrer Wohnung bunkern. So hatten wir es besprochen.

Erol musste glauben, dass die Kohle bei ihr sicherer war als bei einem von uns beiden. Schließlich hatten wir den Job gemacht. Sie war nicht dabei gewesen, kam erst später dazu, zum Feiern. Wir waren schon betrunken, als sie aufkreuzte. Sie war nüchtern. Also stimmte Erol zu. Ließ sich von uns überreden. Dachte ich jedenfalls.

Pam verschwand mit der Kohle in einem Rucksack. Später sollte sie behaupten, der Rucksack sei ihr auf dem Heimweg entrissen worden. Von einem Kerl, den sie im Dunkeln nicht richtig hatte sehen können.

Noch ein bisschen später sollten die Dreitausend dann Pam und mir einen Haufen Spaß bringen. Ihr ein bisschen was von dem, womit sie so gerne ihren Kleiderschrank bestückt. Und mir noch mehr Tage und Nächte mit ihr. Das war der Plan. Ihr Plan. Ich mochte ihn nicht wirklich, aber ich spielte mit. Weil ich weiter diese Haare, diese Augen und diese Schultern in meinem Leben haben wollte. Diese Finger.

Ich setze die Flasche an, trinke, schüttle mich. Denke zurück an diesen Abend. Erol und Pam und ich. Wirklich unglaublich, wie gut das Bier schmeckte! Und wenn das stimmt, was man über Schlangen und ihre Wirkung auf Menschen sagt, dann muss da mindestens eine mit am Tisch gesessen haben an diesem Abend.

Fest steht jedenfalls, dass ich seitdem nichts mehr von Pam gehört oder gesehen habe. Oder von den dreitausend Euro. Aber die sind es nicht, die mein Hirn kochen lassen.

Ich habe die ganze Geschichte gründlich durchdacht. Pams Plan. Ihr Betrug. Die kalte Berechnung dahinter. Sie muss sehr genau gewusst haben, wohin sie mit der Kohle verschwinden würde.

In ihrer Wohnung war sie jedenfalls schon länger nicht mehr. Das habe ich überprüft. Habe stundenlang auf ihrem Bett gesessen, an den Kissen gerochen, die Wände angestarrt, allein und wartend, so wie ich jetzt hier an meinem Küchentisch sitze. Mit den leeren Bierflaschen. Und der geladenen P30. Und diesen feuchten, salzigen Punkten, die ich schon wieder von der Tischplatte wischen muss. Wie Regentropfen fallen sie da drauf und zerplatzen.

Ich nehme die Bierflasche und setze mit ihrer Unterseite einen feuchten Ring um die Punkte. Kreise sie ein. Als könnte ich sie so daran hindern, sich auszubreiten. Lächerlich. Kindisch. Mit dem Hemdsärmel wische ich das alles weg.

»I'm gonna keep drinkin'
till I can't move a toe
and then maybe my heart
won't hurt me so«

Noch bevor ich ein weiteres Bier aus dem Kühlschrank nehmen kann, klingelt es an der Tür. Ich wuchte mich vom Stuhl hoch und gehe hin. Es ist Erol. Er ist sauer.

»Was gibt's denn so verdammt Wichtiges, dass du mich mitten in der Nacht anrufst?«

»Komm rein«, sage ich und führe ihn in die Küche.

Zögernd tritt er in den Raum. Macht sich ein Bild von dem, was sich da unter der Glocke aus Licht auf dem Küchentisch ausbreitet. Die leeren Flaschen. Die geladene Pistole.

Ich suche seinen Blick. »Trinkst du ein Bier mit mir?«

Ich nehme zwei Flaschen aus dem Kühlschrank. Die Kronkorken schlage ich am Rand der Tischplatte ab. Stelle die Flaschen auf den Tisch. Nummer acht für mich, Nummer eins für ihn.

Erols Blick geht zu der Pistole. Dann zu mir. Dann zu den Bierflaschen.

»Was soll das hier werden?«, fragt er.

Ich setze mich, schaue ihn auffordernd an. Nicke zu dem Stuhl mir gegenüber auf der anderen Tischseite. Erol zögert, dann greift er danach und setzt sich. Zwischen uns zwei Flaschen Bier. Und nur eine Pistole.

»Ich muss dir was erzählen«, fange ich an. »Pam und ich, wir haben dich betrogen. Der Kerl, der ihr im Dunkeln den Rucksack mit der Kohle entrissen hat, den hat's nie gegeben.«

Erol beugt sich vor, sein Kopf ragt in die Lichtglocke hinein. »Was soll das heißen?«

»Wir wollten die Kohle für uns. Es war Pams Idee. Dachte ich jedenfalls.«

»Sie hat dich angestiftet?«

Ich nicke. »Angestiftet und abgezogen. Seit unserer kleinen Feier habe ich von ihr und dem Geld nichts mehr gesehen.«

Erol schüttelt den Kopf. Er grinst. »Vergiss sie. Sie war einfach nicht die Richtige für dich.«

»Ja. Das hast du mir immer wieder gesagt.«

»Und ich hatte recht. Oder etwa nicht?«

»Kann sein. Aber ich habe nie verstanden, warum du so überzeugt davon warst.«

»So was spüre ich.«

Wieder nicke ich. »Du hast es gewusst. Von Anfang an. Dass du sie mir wegnehmen willst.«

»Was redest du da?«, bellt er mich an.

»Sie ist bei dir«, sage ich und beobachte sein Gesicht. »Ich habe die ganze Geschichte gründlich durchdacht. Sie wusste genau, wohin sie mit der Kohle verschwinden würde. Ihr Plan ist voll aufgegangen. Euer Plan. Oder eher: dein Plan. Ich würde was drauf wetten, dass du die Idee hattest.«

Er hat sein Gesicht großartig unter Kontrolle. Es ist ihm nicht anzusehen, dass ich recht habe. Aber auch nicht, dass ich daneben liege.

»Ihr habt nur eins vergessen«, sage ich.

»Ach ja? Was denn?«

»Mich zu erledigen.«

Erol schnaubt wütend. »Sei kein Idiot, Mann! Wir haben nie jemanden verletzt. Und ich kann jetzt nicht bei dir damit anfangen. Wir waren Freunde, Mann.«

Ich nicke. Schon wieder. Erols Bier steht noch immer unangetastet vor ihm auf dem Tisch. Ob er mit Pam Bier trinkt? Zur Abkühlung? Ob sie mit ihm auch so streitet wie mit mir? Ob sie ihm auch solche Schweinereien ins Ohr flüstert?

Der Schmerz ist jetzt überall. Ich nehme einen großen Schluck Bier, aber der hilft nicht. Er schafft es nicht bis zu meinem Hirn. Das Gift zirkuliert in meinem Körper, aber es ist nicht stark genug.

Ich werfe Erol einen Blick zu. Ich kann sehen, dass er die P30 fixiert, schimmernd im Licht und einsatzbereit. Ich mache eine Bewegung zu der Waffe hin. Erol reagiert sofort. Ich selbst rühre keinen Muskel. Er greift zu. Er drückt ab.

Heiß und brennend durchschlägt die Kugel meinen Brustkorb. Zieht eine glühende Spur durch meinen Körper. Ich falle. Und falle. Immer weiter. Irgendwohin, wo es keinen Schmerz mehr gibt.

Horst Prosch

Ein Bier in einer Bar

Es war nicht so schwer, wie ich es mir vorgestellt hatte. Tür aufdrücken, hineingehen, Tür hinter mir zufallen lassen. Das war alles. Und nun stehe ich da, schaue in einen großen Spiegel und sehe: mich.

»Hallo«, sagt ein Mann, der hinter der Theke wartet. Er ist jung, schwarz gekleidet und hat rote Haare. Wie damals der Pumuckl.

»Hallo«, erwidere ich.

Der Barhocker ist zu hoch, ich komme nicht hinauf. Früher gab es welche, die ließen sich hinauf- oder hinunterdrehen. Hier dreht sich nichts.

»Du musst auf den Knopf unter dem Sitz drücken«, sagt der Pumuckl.

Wir duzen uns? Auch recht.

Ich soll freundlich zu den Leuten sein, haben sie mir gesagt. Freundlichkeit komme gut an, auch heute noch. Das Weitere würde sich von selbst ergeben. Ich reiche Pumuckl die Hand.

»Barbara die Zweite.«

Er nickt.

»Angenehm. Gustav der Dritte.«

»Der Dritte?«

»Ich habe noch zwei Brüder. Und du?«

»Die erste Barbara gab es bereits. Deshalb bin ich die Zweite.«

»Klar. Was magst du trinken?«

Ich sehe mich um. Von der Decke hängen Gläser herab.

Es wirkt, als würden sie schweben. Es gibt keinen Zapfhahn, kein Fass und keine Flaschen. Stattdessen stehen zahllose Regale an der Wand. Darin liegen durchsichtige Päckchen mit Keksen.

»Hast du Bier? Ich möchte gerne ein Bier trinken.«

»Wie soll dein Bier schmecken?«

Kennt Gustav der Dritte kein Bier? Gibt es kein Bier mehr? Warum gibt es plötzlich kein Bier mehr? Die Fragen schießen wie Pfeile durch meinen Kopf.

Am liebsten würde ich wieder gehen. Ich fummele unter dem Sitz des Barhockers herum, entdecke zwei Knöpfe und drücke einen davon. Der Hocker gleitet nach unten. Ich setze mich darauf, ertaste den zweiten Knopf und schwebe nach oben, bis es nicht mehr weitergeht. Meine Knie sind nun auf der Höhe des Tresens. Ich komme mir groß vor, viel größer, als ich tatsächlich bin.

»Hopfen«, sage ich leise und drücke den Knopf, der mich wieder nach unten führt. »Mein Bier soll nach Hopfen schmecken.«

»Und sonst?«

»Sonst? ... Wie sonst?«

»Wir haben hier tausend Möglichkeiten.«

Ich hätte oben bleiben sollen. Dann hätte ich die tausend Möglichkeiten besser gesehen. So sehe ich: Nichts. Keinen Zapfhahn. Keine Flaschen. Keine tausend Möglichkeiten.

»Ein Bier mit Hopfen, bitte.«

Gustav der Dritte nickt. »Kein Problem.«

Er nimmt ein Glas, hält es unter einen glänzenden Hahn und füllt es mit Wasser. Dann greift er in eines der Regale neben dem Spiegel und sucht ein Päckchen heraus. »Mit Schaum?«, fragt er und dreht sich kurz zu mir um.

»Mit Schaum.«

Ein zweites Päckchen verschwindet in seiner Hand. Er reißt an der Verpackung, ein gelber Keks fällt ins Wasserglas. Es sprudelt wie Brause. Der zweite Keks folgt, Schaum bildet sich. Nach einer Minute ist mein Bier fertig.

»Bitte schön. Lass es dir schmecken.«

Das Getränk sieht aus wie Bier, es perlt wie Bier. Das Glas ähnelt einer Tulpe. Ich nehme einen winzigen Schluck, greife nach der Keks-Verpackung. Neben dem Mindesthaltbarkeitsdatum steht »SAEG«.

»Die gibt es immer noch?«, frage ich leise.

Gustav der Dritte nickt. »Ich kenne nichts anderes. SAEG ist Weltmarktführer.«

Vor meinen Augen entstehen Bilder. Ich suche nach Heiner, rufe seinen Namen, sehe die Hopfenstangen in einer seltsamen Unordnung übereinanderliegen, ein Verhau aus Drähten und Ranken.

Ich konnte nicht aufhören mit dem Schreien. Ich war ein Schreikind. Heiner spazierte mit mir durch seinen Hopfengarten, so lange, bis ich mich beruhigt hatte. Er war kein Onkel, auch nicht mein Opa. Er war ein Nachbar meiner Eltern. »Hopfen beruhigt«, hat Heiner gesagt.

»Und ...?«

Ich reiße die Augen auf. Gustav der Dritte wartet auf ein Urteil.

Es schmeckt nach Bier, es riecht nach Bier, aber es ist kein Bier. Ich sage nichts und starre in den Spiegel.

Graue Haare, schulterlang. Ein faltiges, farbloses Gesicht, wie jemand, der zu wenig an die frische Luft kommt. Eine Stubenhockerin. Oder eine, die man dazu verdammt hat, in der Stube zu hocken. Ich habe meine beste Bluse angezogen, die beste Jacke, meine schönste Hose. Nichts passt mehr so richtig. Der oberste Knopf der Hose ist offen, aber unter der Bluse sieht man das nicht. Sie hatten nichts anderes für mich. Nur diese alten Sachen, die ich ihnen vor fast vierzig Jahren geben musste. Nun habe ich sie wieder. Ich rieche nach Mottenpulver.

»Du kannst auch was anderes haben«, sagt Gustav der Dritte. »Einmal Wechseln ist im Preis inbegriffen.«

Ich sehe mich um. Wir sind allein. Die Bar besteht aus uns beiden, den Spiegeln, den Gläsern, dem silbern glänzenden Hahn, den schwarzen Barhockern und den endlos erscheinenden Regalen mit Keksbeuteln an der Wand. Kleine Lichtpunkte blinken wie Sterne an der Decke.

Plötzlich muss ich reden. Es ist mir egal, was Gustav der Dritte von mir denkt. Meine Hand winkt ihn zu mir heran. Ich zeige auf die Keksverpackung, sein Gesicht ist so nah, als wollten wir uns küssen.

Meine Stimme flüstert. »Willst du etwas über *die* wissen?«

Der Barkeeper zuckt unbeteiligt mit den Schultern. »Warum nicht?« Er nimmt einen Lappen und wischt über den Tresen.

»Ich war ein Schreikind. Meine Eltern wurden beinahe verrückt. Dann kam Heiner. Er nahm mich mit in seinen Hopfengarten. Weißt du, was das ist, ein Hopfengarten?«

Gustav der Dritte verneint. Ich denke mir, er ist zu jung; er könnte mein Sohn sein, auch mein Enkel.

»Ohne Hopfen gab es kein Bier. Die Pflanzen wurden alt, vierzig oder fünfzig Jahre. Immer drei Triebe wurden zusammen an einem Draht nach oben geführt. Heiner musste sie anbinden, den Wuchs überwachen. Der Hopfen will seinen Herrn jeden Tag sehen. Manchmal wachsen die Triebe täglich dreißig Zentimeter. Zur Ernte sind sie sieben

Meter lang. Und ich war dabei, auch dann noch, als ich kein Schreikind mehr war.«

Gustav der Dritte nickt. »Klingt interessant.«

Ich nippe an meinem Glas. Es schmeckt nach Hopfen, aber es ist kein Hopfen. Es ist ein Keks mit Schaum.

»Der Hopfengarten von Heiner war etwa zweihundert Meter lang und hundert Meter breit. Leicht gebogen schmiegte er sich an einen Hang. Wenn die Ranken bis ganz nach oben gewachsen waren und du durch die Reihen gelaufen bist, hast du gedacht, du bist in einem Dschungel. Oder in einer Kirche. Die Ranken haben sich über deinem Kopf zu einem Dach vereinigt. Es war unendlich still. Du hast nichts gehört. Nur die Vögel und den Wind und dein eigenes Herz, wie es in der Brust gepocht hat.«

»Soll ich die Musik ausmachen?«, fragt Gustav der Dritte.

Musik? Da ist nur ein Klopfen. Als würde jemand ungleichmäßig mit dem Finger gegen die Tischkante schlagen. Ich nicke. Das Klopfen verschwindet.

»Heiner hat mir alles beigebracht. Was den Hopfen ausmacht, wie er gepflegt werden will. Er hat Spalter Aromahopfen angebaut, Spalt Spalter. Die Sorte verleiht dem Bier eine harmonische Bittere und war auf der ganzen Welt begehrt. Im Trunk offenbart sich der hopfenwürzige Charakter. Dann kam das Jahr 2015. SAEG. Weißt du, was der Name bedeutet?«

Kopfschütteln. Gustav der Dritte wischt über den Tresen.

»Spalter Aroma Entwicklungs-Gesellschaft.«

»Spalt? … Das sagt mir etwas. Warte mal …«

Der Barkeeper hört auf, über den Tresen zu wischen. Er schließt für einen Moment die Augen, tippt sich mit dem Zeigefinger an die Stirn, rührt in einem erdachten Loch herum und öffnet die Augen wieder.

»Chillen am Brombachsee. Fränkisches Seenland. Richtig?«

Ein Lächeln huscht über meinen Mund. Wie schön.

»Und da war noch etwas. Die Hopfenkönigin.«

Wieder ein Lächeln. Jetzt intensiv und länger anhaltend. Ich reiche ihm die Hand zum Kuss. »Gestatten Sie, Herr Gustav? ... Barbara die Zweite, ehemals Hopfenkönigin von Spalt.«

Seine Lippen schweben für einen Moment über meinem Handrücken. »Ich bin entzückt, Gnädigste.«

Er denkt, ich hätte einen Witz gemacht.

»Du glaubst mir nicht.«

Gustav der Dritte schaut mich an. Er sieht meine alte Bluse, die abgetragene Jacke, die grauen Haare und die Falten in meinem Gesicht. Ich bin achtundsechzig.

»Jedes Jahr gibt es in Enderndorf den Seeathlon«, sagt er.

»Den ... was?«

»Sportparty.«

»Aha.«

»Dabei müssen junge Frauen kreuz und quer durch den Brombachsee waten oder schwimmen und ein paar Aufgaben lösen. Sie können sich Zuschauer zu Hilfe holen. Das ist ziemlich spaßig und eine große Sauerei.«

»Warum?«

»Der See ist oft nicht mehr als eine zwei bis drei Meter tiefe Schlammpfütze, in dem sich die Wildschweine wälzen. Liegt am zu geringen Niederschlag, und daran, dass für den Main-Donau-Kanal zu viel Wasser abgezapft wird. Die Gewinnerin wird zur Hopfenkönigin gekürt. Anschließend gibt es eine Party auf einem seltsamen alten Schiff, der MS Brombachsee. Ist inzwischen ein Museum und liegt in einem eigenen Wasserbecken am Ufer. Früher soll es richtige

Hopfenköniginnen gegeben haben. Für Repräsentations-
zwecke oder so ...«

Ich schweige.

Gustav der Dritte wischt über den Tresen. Dann hält er
inne.

»Bist du so eine ... Hopfenkönigin?«, fragt er zögernd.

Meine Lippen nippen am Glas. Die aufgelösten Kekse
schmecken nach Hopfen. Der Schaum ist immer noch da.
Ein bitterer Nachhall setzt sich in meiner Kehle fest.

Er legt seine Hand auf meine Finger, berührt mich wie
ein Kind, das Trost braucht. »Barbara ... die Zweite?«

Er greift in eine Schublade unter dem Tresen und holt
einen weiteren Keks hervor. »Der ist echt«, sagt er. »Da
kannst du wirklich reinbeißen. Er bröselt ein bisschen. Ist
aber nicht schlimm.«

In meinem Hals brennt es unangenehm. Vielleicht hilft
der Keks.

»Im Jahr 2015 ... «, beginne ich zögernd.

Der Barkeeper nickt. Er legt den Lappen endlich zur Seite. »... im Jahr 2015 ...?«

»Wann bist du geboren?«, frage ich leise.

»2036.«

Ich versuche zu rechnen. Mein Kopf ist leer. Als ich zu
Barbara der Zweiten gewählt wurde, war ich dreiundzwan-
zig und es war das Jahr 2018. Jetzt bin ich achtundsechzig.

»Also ...«, beginne ich wieder und öffne die Verpackung.
Es knistert, dann bröselt der Keks in meinem Mund. Ich
brauche einen Schluck zu trinken und nippe vom Glas.
Schaum setzt sich an meiner Oberlippe ab, ich sehe es im
Spiegel.

»Im Jahr 2015 hatten wir eine sehr schlechte Hopfenern-
te, der Heiner und ich. Es war viel zu trocken, ein fürch-

terlich heißer Sommer mit Luftmassen aus der Sahara. Die Dolden konnten sich nicht richtig ausbilden. Das war der Anfang. Wir konnten die Verträge mit den Brauereien nicht mehr erfüllen. Im nächsten Jahr wurde es zwar wieder besser, aber viele Hopfenbauern in der Spalter Gegend sahen das Ende des Hopfenanbaus bereits kommen. So haben sie die SAEG gegründet und experimentiert. Alle hatten sich an der SAEG beteiligt, nur Heiner nicht. Der wollte nicht. Der hat gesagt, so lange es das Reinheitsgebot gibt, wird es Hopfen geben.«

Gustav der Dritte deutet auf meinen Mund. »Du hast da was ...«

Ich wische den Schaum von meiner Oberlippe. Eine cremige Masse klebt mir am Finger; sie wird schmierig und bleibt lange auf der Haut, wie billige Handcreme.

»Im Jahr 2020 haben uns die Brauereien die Verträge gekündigt. Sie nahmen uns den Hopfen nicht mehr ab. Keinen einzigen Sack. Heiner hat gemeint, die wollen nur bessere Konditionen haben, feilschen und taxieren. Das ist der Weltmarkt. Jeder braucht Spalter Aromahopfen, sogar die Brauer aus Japan und China.«

Der Barkeeper nickt. »Interessant. Aber ich kann mich nicht daran erinnern, Bier jemals anders getrunken zu haben als so.« Er macht eine Handbewegung zu den Keksregalen hinter sich. »Nicht mal auf Hawaii, wo ich mal zum Surfen war, gab es was anderes.«

Eine alte Melodie schwirrt durch meine Ohren, wie ein leiser, flüchtiger Schatten: »... kein Bier auf Hawaii, es gibt kein Bier ...«

Ich schiebe das Glas von mir weg, immer weiter. In meinem Hals kratzt es entsetzlich, der Schaum von meiner Oberlippe, der langsam in meine Fingerkuppe einzieht, hinterlässt ein seltsames Gefühl. Es wimmert. Pocht leise. Wird warm. Zu warm.

»Hast du was anderes?«

Gustav der Dritte versucht ein Lächeln.

»Wie meinst du das? ... Was anderes?«

Was anderes eben, denke ich mir. Was Richtiges. Ein Bier in einer Glasflasche mit Bügelverschluss.

Ich fühle mich müde. Mit dem rechten Arm schiebe ich das Keks-Schaum-Bier noch weiter von mir weg, die Theke entlang, bis es vor dem nächsten Barhocker steht.

Mein Kopf sinkt auf den Tresen. Mein Gott, denke ich, was haben die in den Keksen zusammengemischt? Bilder gaukeln vorüber wie taumelnde Schmetterlinge. Heiner taucht auf. Immer wieder Heiner. Es scheint mir, als müsse ich einschlafen.

Wach bleiben, schreit etwas in mir. Du musst wach bleiben. So wie damals, als sie mir etwas gespritzt haben, damit ich endlich Ruhe gebe und nicht immer weiter behaupte, ich hätte einen Draht gesehen, einen Stolperdraht.

Es war doch so, oder nicht?

Als ich Heiner endlich gefunden hatte in seinem Hopfengarten, war es fast dunkel. Am äußeren Rand war ein Teil der Stangen zusammengebrochen, das halbe Gerüst lag auf dem angrenzenden Acker, und in der vorletzten Reihe entdeckte ich Heiner. Ich sah nur seinen Fuß, und unter seinem Fuß einen dünnen Draht, der dort nicht hingehörte.

Ich habe geschrien und geheult, wie damals, als ich noch ein Schreikind war, und bin auf und ab gelaufen. Ich hätte mein Smartphone nehmen sollen, um ein Foto zu machen oder Hilfe zu holen, ich schaffte es nicht. Die Unordnung im Hopfengarten brachte auch mich durcheinander. So etwas hatte ich noch nie gesehen. Dolden und Ranken und Stangen und Haltedrähte. Es war Anfang August. Das Lupulin wartete in den Dolden, ein herrlicher Duft. Es würde eine der besten Ernten geben, die wir jemals hatten.

Ich lief im Kreis. Der Hopfen konnte mich nicht beruhigen. Wertvolle Zeit verstrich. Ich ging zu meinem Wagen, fummelte endlich mein Smartphone heraus und wählte den Notruf.

Sie hätten keinen auffälligen Draht gesehen, erzählten die Rettungskräfte mir später; die Polizei stellte dasselbe fest, es war längst stockdunkel. Die Hopfenstangen seien morsch gewesen, durchgefault. Schon der leiseste Windhauch hätte genügt, eine Gewichtsverlagerung der reifen, zentnerschweren Hopfenranken, um alles zum Einsturz zu bringen. Plötzlich war auch Dr. Herbert Brunner da, der Geschäftsführer der SAEG. Ich sah ihn und ging auf ihn zu. Du. Sagte ich. Du bist das gewesen. Du allein.

Ich hebe meinen Kopf. Er fühlt sich an wie ein zentnerschwerer Stein. Gustav der Dritte stellt ein Glas Wasser vor mich hin. Ist das wirklich Wasser?, rauscht es durch meine Gedanken. Oder ist das eine Flüssigkeit mit einem durchsichtigen Keks? Vorsichtig nehme ich einen Schluck. Ein Hauch von Zitrone legt sich auf meinen Gaumen.

Sie haben mich auf die Polizeiwache mitgenommen. Verhört. Ausgefragt. Und nicht ernst genommen. Ein Unfall. Nichts anderes als ein Unfall sei es gewesen. Von einem Stolperdraht fanden sie keine Spur, auch nicht bei Tageslicht am nächsten Morgen. Alle Spuren seien durch den Regen, der in der Nacht einsetzte, unbrauchbar geworden.

Das war im Jahr 2022. Heiner war der letzte Hopfenanbauer im Spalter Land gewesen und ich die letzte richtige

Hopfenkönigin. Die SAEG meinte, sie müsse sich um mich kümmern. Um mich, Barbara die Zweite. Ich durfte repräsentieren und mit meinem Krönchen auf Messen fahren und in Kameras lächeln. Sie zahlten gut dafür, sehr gut.

»Und dann haben sie mit den Keksen experimentiert.«

Nur dieser eine Satz steht plötzlich im Raum. Ich sehe mich um. Noch immer kein Gast. Nur wir zwei, Gustav der Dritte und ich. Dann die Spiegel, die Regale mit den Keksen, die elektrischen Barhocker. Der Geschmack von Zitrone klebt unangenehm an meinem Gaumen.

»Als besonders hinterhältig und heimtückisch haben sie mich bezeichnet. Hast du das gehört, mein Barkeeper?«

Gustav der Dritte nickt. »Willst du lieber was mit Orange?«

Steck sie dir wohin, deine Orange, fährt es mir durch den Kopf.

Im Jahr 2026 haben wir den Trimaran MS Brombachsee gemietet. Den ganzen großen Kahn. Mit Kapitän und Steuermann und allem, was dazugehört. Für den gesamten Abend und die ganze Nacht. Das Schiff sollte eine leuchtende Spur über den Brombachsee ziehen. Es sollte *die* Präsentation werden. Ein rauschender Erfolg für alle Gesellschafter der »Spalter Aroma Entwicklungs-Gesellschaft«. Sie planten die Veranstaltung bis ins kleinste Detail. Ich musste Ballettunterricht nehmen und Theaterstunden, damit ich mich elegant genug bewegen konnte.

Eine leuchtende Spur. Dr. Herbert Brunners Augen strahlten, als er mir von seinem Vorhaben berichtete. Er verlangte totale Verschwiegenheit. Und dann zeigte er mir, was ich dazu anziehen musste. Beim ersten Anblick saß mir ein Brechreiz in der Kehle. Ich sollte eine Nacht darüber schlafen, meinte er und verwies auf einen Scheck, der auf meinen Namen ausgestellt war.

Ich schlief eine Nacht darüber, sofern man Herumwälzen und Aufstehen und Zum-Kühlschrank-Laufen als Schlaf bezeichnen konnte. In dieser Nacht reifte ein Plan in mir, den der Geschäftsführer der SAEG mitsamt seinen Gesellschaftern niemals vergessen würde.

Der Abend war perfekt. Eine warme Neumondnacht im September. Als es so weit war, zog ich mich in einen Nebenraum der MS Brombachsee zurück. Ich legte alle Kleidungsstücke ab, auch die Unterwäsche, und schlüpfte in ein Kostüm, das vor allem aus Löchern bestand. Um meine Hüften wanden sich Hopfenranken, meine Oberweite zierte eine Handvoll Dolden. Plastikimitationen aus Fernost. Sonst trug ich: Nichts. Meine Haare wurden von einer Stylistin zu einer blonden Krone geformt, die Lippen geschminkt. Über den Aufzug im Heck des Schiffes erreichte ich ungesehen das Oberdeck, schlich barfuß über den Fußboden und schaute zum Hauptdeck hinunter. Dort war es beinahe dunkel. Die geladene Gesellschaft harrte der Überraschungen, die da kommen sollten. Dr. Herbert Brunner stand im Licht eines grellen Spots und deutete mit großen Gesten auf eine Leinwand. Er sprach von Heiner. Von meinem Heiner, der als letzter Hopfenbauer aus Spalt ein Denkmal erhalten sollte. Ein neues Bier. Eine neue Ära. »Hopfenglut«, raunte er ins Mikrofon. Seine Stimme klang, als würde er das Bier neu erfinden.

Ich musste mich beherrschen. Meine Finger nestelten nervös an den künstlichen Hopfenranken, dort hatte ich den Schlüssel befestigt, direkt zwischen Bauchnabel und dem rankenden Nichts, das meine Weiblichkeit bedeckte.

Gustav der Dritte schaut mich aus großen Augen an. Seine Hände formen etwas Rundes, Längliches. Ich weiß nicht, was er denkt. Vielleicht denkt er an etwas Erotisches. Dann greift er sich an den Kopf und sagt: »Warte mal. Ich glaube, ich habe etwas für dich.«

Er öffnet in der Wand aus Spiegeln eine Tür und verschwindet. Ich bin allein. Ebenso allein wie auf der MS Brombachsee.

Hopfenglut. Dies war mein Zeichen. Das Licht erlosch beinahe vollständig, nur die Notbeleuchtung glomm in einigen Ecken. Musik setzte ein. Joe Cocker. *You can leave your hat on.* Dabei trug ich gar keinen Hut. Der Trimaran drehte seine Runden auf dem Brombachsee in einer milden Neumondnacht. Ich stellte mich auf den verabredeten Platz, wartete, bis mich der einzelne, grüngelbe Spot erfasst hatte, und griff mir verführerisch ins hochgesteckte Haar, wie es einstudiert war.

Langsam schritt ich die Treppe hinunter, wand mich wie eine Hopfenranke am Geländer entlang und spielte mit dem Schlüssel unterhalb meines Bauchnabels. Joe Cocker röhrte. Die MS Brombachsee drehte sich im Kreis, und die nächtlichen Lichter von Enderndorf, Absberg und Ramsberg waren kaum noch auseinanderzuhalten. Ich zog das rechte Bein nach oben, dann das linke; ein paar Herren lockerten nervös ihre Krawatten. Mein Weg führte von Tisch zu Tisch, der Scheinwerfer folgte mir. Mit sanften Händen berührte ich Männernacken und weibliche Ellenbogen, meine künstlichen Dolden streiften glänzende Glatzen. Niemand griff an den Schlüssel. Schließlich führte mich Dr. Herbert Brunner galant zum stilisierten Tresor, der aus Gips und Pappmaschee gefertigt war. Er hatte die Form einer überdimensionierten Bierflasche und stand inmitten der Tische auf einem kleinen Podium.

Niemals werde ich Brunners Augen vergessen. Diese Gier. Dieser Triumph, endlich am Ziel zu sein. Er löste die Schleife, nahm den Schlüssel für den Tresor und zog an dem Faden, der alles zusammenhielt. Während ich mich drehte, fiel das Hopfenranken-Plastikdolden-Kostüm von mir ab. Ich bedeckte mich notdürftig mit meinen Händen, lächelte honigsüß und tänzelte mit nacktem Hintern durch die Tischreihen davon.

Hopfenglut. Dieses letzte Wort brachte Dr. Herbert Brunner mit leicht zitternder Stimme hervor, als er den Schlüssel in den Tresor steckte und einmal im Schloss drehte. Damit hatte er die Zeitschaltuhr in Gang gesetzt, und nichts würde meinen Plan aufhalten können.

Ich schlich zur Backbordseite auf dem Hauptdeck, kramte unter einer Abdeckung einen schwarzen Neoprenanzug hervor und schlüpfte hinein. Während die MS Brombachsee langsam wieder Fahrt aufnahm, ließ ich mich ins Wasser gleiten. Der Trimaran zog davon, ich schwamm in die entgegengesetzte Richtung.

Auf eine Dreiviertelstunde nach dem Öffnen des Tresors hatte ich den Zeitzünder eingestellt. Dies sollte reichen, um ans Ufer zu schwimmen. Den Sprengsatz hatte ich als zweite Innenwand der Pappmaschee-Bierflasche getarnt. Vom Trimaran würde nicht viel übrig bleiben. Ein paar Einzelteile, vielleicht ein Rettungsring oder der Manschettenknopf eines VIPs.

Als ich mit den Knien an etwas Hartes stieß, richtete ich mich auf. Vor mir am Ufer stand der Wald als schwarze Silhouette. Ich drehte mich um. Die MS Brombachsee zog ihre Bahn über den See. Hell erleuchtet und strahlend schön, wie ein waagrecht gelegter, dreistöckiger Christbaum. Das Traumschiff des Fränkischen Seenlands. Ich wartete. Sie müssten nun das Bier gekostet haben, das im Tresor versteckt war. Ein Andenken an Heiner. *Hopfenglut* hatte inzwischen den Rachen zerfressen, Magenwände angegriffen und Gedärme aufgelöst; wer sich nicht unter heftigsten Schmerzen auf dem Boden zusammenkrümmte, war wohl bereits verstorben oder hatte aus unerklärlichen Gründen noch nicht von der neuen, aus künstlichen Stoffen zusammengesetzten Bierkreation der SAEG getrunken.

Ich kroch ans Ufer, ertastete einen dicken Baumstamm, und lehnte mich daran. Die Explosion kam nicht. Stattdessen steuerte die MS Brombachsee in Richtung Ramsberg, an dessen Promenade zahllose Lichter von Rettungsfahrzeugen auftauchten.

Ob ich noch etwas von dem farblosen Zitronenzeug trinken soll? Einen winzigen Schluck?

Der Richter hat in seiner Urteilsbegründung von einer geradezu unglaublichen kriminellen Energie gesprochen. Ich sei getrieben worden von einem perfiden Rachegedanken, der auch viele Unschuldige und Außenstehende qualvoll in den Tod riss. Mein Verdacht, der Tod von Heiner sei kein Unfall, sondern Mord gewesen, um den letzten Hopfenanbauer zu vernichten, wurde in einem Nebensatz abgewürgt. Alle Spuren seien damals geprüft worden. Es habe sich kein Beweis für meine Behauptung finden lassen. Der angebliche Verursacher, Dr. Herbert Brunner, könne leider nicht mehr befragt werden, er sei meinem Giftanschlag zum Opfer gefallen.

Bei diesem Satz des Richters musste ich lächeln.

Der Spiegel öffnet sich, Gustav der Dritte erscheint. Er trägt einen Karton mit der Aufschrift »Dekoration«.

»Stand im Keller«, sagt er. »Ist bei der letzten Renovierung übrig geblieben. Wollen wir hineinschauen?«

»Gerne«, lallt meine von künstlichem Zitronengeschmack durchsäuerte Zunge.

Zum Vorschein kommt eine weibliche Plastikpuppe. Auf ihrer Schärpe steht »Luisa, Hopfenkönigin 2040–2042«. Es folgen diverse Bierdeckel, die wie Girlanden zusammengehängt sind, Flaschenöffner mit Brauereilogo und ein Spielzeugtrimaran mit Fernbedienung. Die MS Brombachsee. Das Sonnendeck lässt sich abnehmen. Ein verblichener Stapel Flyer für das Museum HopfenBierGut in Spalt fällt auf den Tresen. Der weitere Inhalt sind Hopfenranken und staubige Dolden, die bei der kleinsten Berührung auseinanderbröseln.

Gustav der Dritte wirft einen letzten Blick in den Karton. Seine Augen beginnen zu leuchten. »Schau mal«, sagt er und hält eine Bierflasche in der Hand.

Eine echte Bierflasche aus Glas, mit Etikett und Bügelverschluss. Ich greife danach und lasse die Form durch meine Finger gleiten. Dass es so etwas noch gibt. »Spalter Seerausch« steht auf dem Etikett. Dunkel. Süffig. Ein Bier wie ein fränkischer Hurrikan. Ganz unten, kaum noch lesbar, finde ich einen Aufdruck. »Designed by SAEG.«

Mein Arm holt aus, ein irrer Schwung. Der Spalter Seerausch donnert gegen den Spiegel. Gustav der Dritte hat sich rechtzeitig geduckt. Gläser klirren, der Spiegel erzittert, aber er bleibt heil. Mein Gesicht schaut noch immer entsetzt. Der Spalter Seerausch rollt hinter der Theke über den Fußboden, aus dem Bügelverschluss zischt es leise. Schließlich springt er auf, milchiger Schaum quillt hervor.

Es drängt mich nach draußen, ich schwanke durch die Tür, erreiche mit letzter Kraft den ersten Laternenpfahl und

stecke meine Finger so lange in den Hals, bis ich mich über-
geben muss. Was im Bordstein landet, ist grün und gelb
und widerlich. SAEG.

An meinen beiden Fußgelenken beginnt es zu vibrieren;
erst schwach, gleich darauf stärker. Der Schmerz fährt mir
in die Waden, dann in die Knie, erreicht die Oberschenkel.
Das Vibrieren ist mein Zeichen: Ich muss zurück in die Si-
cherungsverwahrung, der Freigang ist vorüber.

Regina Schleheck
Hell, schlank und immer blank ...

... so kannte man den schönen Abels Käl. Die ersten beiden
Eigenschaften sorgten dafür, dass der weibliche Teil von
Köln ihm zu Füßen lag, die dritte war der Grund, weshalb
die Damen bereitwillig für ihn anschaffen gingen. Er war,
um mit einem Bild zu sprechen, das jeder Kölner versteht,
der Prinz im blühenden Milieu der Sechziger und Siebzi-
ger. Schäfers Schnüss als der grobschlächtigere Bauer des
Triumvirats kümmerte sich um die Hinterzimmer, wo die
Erträge des Wirtschaftswunders verzockt wurden. Dummse Detlef gab die Jungfrau, die lange vor der Abschaffung
des Paragrafen 175 und der Einführung des CSD Freiern
und Strichjungen auf Kölner Boden ungestörte Zusammen-
künfte ermöglichte. Es ging damals in jeglicher Hinsicht
aufwärts. Prosperität und Prostitution feierten nach dem
Kölner Kahlschlag der Kriegsjahre fortgesetzt fröhliche
Urständ, und die Politik klüngelte kräftig mit, wie Konrad
Adenauer, Kölner Oberbürgermeister vor und nach dem
Zweiten Weltkrieg und Aufbaukanzler für sechzehn Jahre,
es schöngeredet hatte: »M'r kennt sich, m'r hilft sich.«
    Hausbrauereien waren aus den Bombenkratern geschos-
sen. Helle, blanke, schlanke, hopfenbetonte obergärige
Vollbiere sprudelten in Reagenzgläser – schmal hilft gegen schal –, auch Kölner Stangen genannt, die Köbesse mit
feinschaumiger Blume im Kranz nachlieferten, ehe die Vor-
runde versoffen war. Die frische Fassware Kölsch florierte,
geriet zum unangefochtenen Lokalfavoriten, den man am
liebsten in »d'r Weetschaff op d'r Eck« genoss. In diesem

ökonomischen Kleinstkosmos stieß man mit Abels Käl, Schäfers Schnüss und Dummse Detlef an, selbst wenn man nicht ihrem unmittelbaren Kunden- oder Dunstkreis angehörte. Ungeachtet Kontostands, kultureller Herkunft und sexuellen Konzepts lautete das Credo: »Im Veedel hält m'r zosamme!«, und es hieß: »Drink doch eine met!«

Dazu intonierten Krätzchensänger »Verzällcher«, pointierte Alltagsanekdötchen. Kölsche Originale an der Mandoline nahmen Kölsche Originale aus dem Miljöh aufs Korn. Und alle schunkelten und sangen mit Tränchen im Knopfloch mit.

Die Selbstbesoffenheit der Kölner ist geblieben, was sie dem Rest der Welt mit dem Slogan *Köln is ene Jeföhl* offenbaren. Milieu, Musik und Malzgebrautes haben sich neu erfunden.

Zuallererst bekamen das die lokalen Zuhälter und Zocker zu spüren. Als Mann Gottes habe ich ihre Irrungen gegeißelt, ihre Geschäfte nie gutgeheißen, stets zur Umkehr gemahnt. Mindestens zu tätiger Buße. So uferlos sie sündigten, so exzessiv bereuten sie denn auch. Ein nicht unbeträchtlicher Teil ihrer Einnahmen füllte den Opferstock unserer Schwarzen Madonna in St. Maria in der Kupfergasse. M'r kannte und half sich. Drohte Verfolgung, stellten die Rotlichtgrößen lange Votivkerzen aus reinstem Bienenwachs auf. Wünschten sie ihren Gegnern die Pest an den Hals, ließen sie im Dom eine heilige Messe »in besonderem Anliegen« zelebrieren. Auch wenn ihre Ära Köln zum »Chicago am Rhein« großkotzte, war ihr kriminelles Potenzial insofern stets provinziell geblieben, was eine Anekdote aus den Neunzigern eindrücklich belegt, die sie in die Herzensräuber-Charts der Kölner katapultierte – deutlich nach der Wende vom Jeföhl zum Jeld. Dazu später.

Schäfers Schnüss hatte mir in der Beichte einige Jahre zuvor bereits das Motiv für seine besondere Verbundenheit mit der Kirche St. Maria in der Kupfergasse anvertraut. Ich musste allerdings schwören, dass ich bis zu seinem Ableben keiner Menschenseele etwas davon weitergeben würde. Danach sei es ihm egal, da er keine Nachkommen habe. Ich hielt mich an die Abmachung. Heute ist er ja tot. Die Geschichte, die er mir erzählte, habe ich später in den Archiven der Stadt überprüfen können. Sie belegt die Nähe der katholischen Kirche zum Miljöh in Köln.

Im September im Jahre 1803 hatte Peter Josef Schäfer, Pfarrer in St. Maria in der Kupfergasse, einen Doppelmord begangen, dem jahrelange Unzucht vorausgegangen war. Dieser fehlgeleitete Gottesmann sei sein direkter Vorfahr gewesen, behauptete Schäfers Schnüss, nicht ohne einen gewissen Stolz in der Stimme. Lange Ahnenreihen scheinen selbst die Verworfenheit zu adeln.

Pfarrer Peter Josef Schäfer war eine »heimliche Ehe« mit einer über zwanzig Jahre älteren Frau namens Barbara Ritter eingegangen. Sie hatte den jungen Geistlichen nach seiner Weihe in Straßburg in ihr Haus im Elsass aufgenommen, das sie mit ihrer Schwester Katharina teilte, ihm den Haushalt geführt und ihn finanziell unterstützt. Als er erst nach Aachen, dann nach Köln versetzt wurde, waren die Schwestern ihm gefolgt. Da er um seinen Ruf und seine Stellung fürchtete, quartierte er sie erst in einem Gasthof, dann in seiner geräumigen Pastorei ein, wo sie aber ganz im Verborgenen hausen mussten. Die Frauen bedrängten ihn, sein Verhältnis offenzulegen, drohten, es dem Bischof anzuzeigen. Seine Verzweiflung sei »aufs Höchste gestiegen«, habe der Pfarrer später angegeben, weshalb er die beiden auf den Weg nach Bonn lockte, wo er angeblich Möbel kaufen wollte. Unterwegs gab er an, er habe seine Uhr am Rhein verloren. Als die Frauen sich auf die Suche begaben, schlug er sie von hinten mit einem Weidenknüppel nieder und schlitzte ihnen die Kehle auf. Das Messer warf er in den Rhein. Die Leichen der Frauen versteckte er im Gebüsch, weil er zu erschöpft war, sie bis zum Wasser zu schleifen. Der Mord wurde entdeckt, und da er in Begleitung der Frauen gesehen worden war, wurde er erst als Zeuge, nach einigen widersprüchlichen Aussagen als Angeklagter befragt und schließlich überführt. Noch im selben Jahr ließ er seinen Kopf in Aachen unter der Guillotine.

Es missfiel mir, wie Schäfers Schnüss und seine Kumpanen mich seitdem anbaggerten, als sei ich als Angehöriger des Priesterstands seinesgleichen. Im Nachhinein, muss ich allerdings zugeben, waren sie das kleinere Übel.

Das Kölner Rotlicht wurde seit den Achtzigern zunehmend von »Imis« dominiert: Türkische und marokkanische Bodybuilder-Türsteher – dunkel und breit – übernahmen das Geschäft und gaben sich wenig zimperlich, was ihre Vorgänger, ihr eigenes Personal und erst recht die Konkurrenz anging. In den Diskotheken am Ring abgeschleppte und per Beischlaf willfährig gemachte Mädchen wurden in der Folge auf brutalste Weise zur Prostitution rekrutiert. Muslimisch geprägte mangelnde Achtung vor gefallenen Frauen beförderte das Vorgehen. Am helllichten Tag ballerten Bandenmitglieder verschiedener Ethnien einander aufstiegswirksam nieder und beriefen sich dabei auf das sechste Kölner Grundgesetz: »Kenne m'r nit, bruche m'r nit, fott domet!« Beichten blieb diesen bösen Buben ein Fremdwort.

Das Kölsch erlebte einen ähnlichen von kulturellem Niedergang begleiteten »Aufschwung«, wurde am 6. März 1980 per Konvention vom Getränk zur geografischen sowie Gattungsbezeichnung geadelt und vermarktet. Vierundzwanzig Brauereien unterzeichneten das Abkommen, dreißig Jahre später hatte nicht einmal die Hälfte von ihnen mehr ein Einkommen, das ein Auskommen garantierte, und daher aufgegeben. Ein Oligopol von elf Brauereien beherrscht heute den Markt. Seit 1997 ist die Bezeichnung »Kölsch« durch die EU geschützt. Aber Qualität und Quantität gehen bei obergärigem Bier nicht zusammen. Zu Haltbarkeitszwecken mit Kohlensäure versetzte Flaschenware verdrängte in der Folge die Fassgebinde. Zapfanlagen an Fake-Fässern sorgen mittels Zugabe von H_2CO_3 für den erforderlichen Förderdruck und verfälschen das Ergebnis. Das helle, schlanke, blanke, CO_2-arme Kölsch, ursprünglich in Stangen oder sogar in der 0,1-l-Damen-Version als »Stößchen« angeboten, wird in manchen Häusern mittlerweile in Fünf-Liter-Zapfsäulen serviert, die eines garantieren: das Bier ist schal, ehe es die erste Kehle nässt, man kann es kaum schnell genug kippen. Geschmack wird gering geschätzt, größtmöglicher Umsatz ist das Ziel. Der Verbraucher passt sich an. Komasaufen und Wildpinkeln stehen für die neue Kölner Trinkkultur, Massenkonsum und Mammon für die moderne Mentalität. Die kleinen Kölner Kneipen sind tot, es boomen Bierzelte, Bierbikes und Brautleutehorden im Polterabendfieber.

Kölsche Lieder werden nicht mehr von kauzigen Originalen geschrammelt, sondern von Boygroups jenseits des besten Alters, die ewige Diesseitigkeit vortäuschen, in Fußballstadien performt. Auf weltweiten Tourneen verbreiten Bands wie »BIP«, »Hols« oder »Hennen«, von schwarz bebrillten Bodyguards begleitet, Kölner Frohsinn als einkommensträchtigen Exportartikel.

In dieser Zeit des Niedergangs Kölscher Lebensart verhalf ein spektakulärer Einbruch in den Kölner Dom einer alten Milieugröße zu einem kurzzeitigen Comeback. Am helllichten Tag wurde im Februar 1995 ein Prozessionskreuz aus dem 19. Jahrhundert – Lieblingskreuz Kardinal Meißners – aus der Schatzkammer des Kölner Doms gestohlen. Im »hillije« Köln!

Domprobst Bernhard Henrichs rief mich an. Meine Beichtbeziehung zu Schäfers Schnüss empfahl mich als Kontakter zwischen Klerus und kriminellem Milieu.

»Wat soll dä Quatsch?«, befand der Unterweltler aufgebracht, als ich ihm das Sakrileg offenbarte. »Domet han ich nix ze don!«

Aber er versprach, seinen Einfluss in die Waagschale zu werfen. Über einen Mittelsmann kehrte das Kreuz kurz darauf zurück in die Kammer. Die ausgelobte Belohnung von dreitausend D-Mark verschmähte Schäfers Schnüss allerdings. »Vom Dom nimmt man nicht, dem Dom gibt man höchstens«, erklärte er, bat stattdessen um eine Messe für seine schwarze Seele – gerade noch rechtzeitig. Kaum ein Jahr später erlag er einundsechzigjährig einem Herzversagen. Um fünf vor zwölf wurde ich hinzugerufen und konnte ihm die letzte Ölung erteilen. Er verabschiedete sich augenzwinkernd mit dem achten Gebot des Kölschen Grundgesetzes: »Mach et jot, ävver nit ze off!«, tat seinen letzten Schnaufer und verstarb.

Zu dem Zeitpunkt war der Paragraf 175 schon eine Weile außer Kraft, die Schutzgeldzahlungen an den Dummsen Detlef dümpelten vor sich hin beziehungsweise drohten zu verebben, ihm und Abels Käl liefen die Pferdchen weg, was nicht zuletzt den schlagkräftigen Argumenten der Imi-Luden geschuldet war, deren Interesse allerdings in erster Linie dem weiblichen Strich galt. Homosexualität rangiert in der Gräuel-Hitliste des Koran noch vor den schweinefleischdominierten Kölner Grundnahrungsmitteln Flönz, Mett und Kölsch. Im ersten Punkt geht der Katholizismus zwar bis heute konform, aber sollte man nicht die Kirche im Dorf lassen? »M'r losse d'r Dom in Kölle!«, lautete der aktuelle Karnevalshit, den sich die Domstadt auf die Fahnen schrieb.

Die Konkurrenz hatte fünf Jahre nach dem Tod von Schäfers Schnüss das Kölner Nachtleben übernommen. Abels Käl kochte, Dummse Detlef fluchte, schlussendlich schmiedeten sie einen perfiden Plan zur Ausschaltung der unliebsamen osmanisch-marokkanischen Rivalen unter Zuhilfenahme der Kölner Spezialwaffe Kölsch: »Drinkste eine met? Stell dich nit esu an!«

Man vereinbarte ein Gipfeltreffen am Zug. Rosenmontag, Ehrentribüne – nein, keine schweinische Blootwoosch, stattdessen ganz unprovokante Sesamringe, aber Kölsch und lecker Mädsche. Mit 4,8 Prozent gehört das Kölner Nationalgetränk schließlich zu den alkoholarmen Bieren und wurde den Muslimen, die sich huldvoll gaben, augenzwinkernd als Limo verkauft. Bünyamin Bayram, König der Kölner Ringe, und Nurdin Asili, unangefochtener Alleinherrscher der Außenbezirke, brachten neben ihren Gorillas glutäugige Schönheiten und orientalische Gebäckspezialitäten mit. Natürlich beulten unter Ringelhemden neben Bizepsen Ballermänner. Aber alle waren auf Karneval gebürstet. Man sprach der ein oder anderen Stange zu, im Laufe der Stunden wurden es mehr. Die des Kölsch ungewohnten Zungen lockerten sich, brabbelten zunehmend dummes Zeug, marokkanische, türkische, Kölner Ganoven lagen sich in den Armen, bützten – küssten – und lallten Kölsches Liedgut mit, das von den vorbeiziehenden Rosenmontagszugkapellen herüberscholl.

Abels Käl war es, der mir anderntags vom Ausgang dieser Verbrüderung berichtete. Brühwarm. Im Beichtstuhl. Der besseren Verständlichkeit halber gebe ich seine Darstellung auf Hochdeutsch wieder.

»Vater«, krächzte er hinter einer mächtigen Fahne, die mir durch die Dunkelheit und das Holzgitter entgegenwaberte. »Vater, ich habe gefehlt!«

»Sohn«, entgegnete ich. »Der größte Fehler ist, seine Verfehlungen nicht zu erkennen. Der zweitgrößte, daraus nichts zu lernen. Wir stehen also wieder ganz am Anfang, wie es scheint.«

Ein abgrundtiefer Seufzer. »Ich fang dann mal an, Chef.« Er wirkte von den Ereignissen respektive vom Restalkohol recht mitgenommen, sonderte viel wirres Zeug ab, holte weit aus. Viel zu weit für meinen Geschmack, der ich die Vorgeschichte zur Genüge kannte. Offensichtlich wollte er rechtfertigen, was folgte. Ich ließ ihn reden, bis er sich vergewisserte: »Vater, heißt es nicht immer, man soll dem Feind die andere Backe hinhalten?«

»Ich bin mir nicht sicher, ob der liebe Herr Jesus Christus das Gleiche meint wie du, Käl«, gab ich zurück. »Um Föttchensföhlerei ging es jedenfalls nicht. Davor warst du ja noch nie fies. Du wolltest mir aber doch nicht beichten, dass du mit deinen Feinden Hinterngrabschen geübt hast?«

»Ich frage mich bloß, ob der liebe Herrgott es hinterfotzig findet, wenn man versucht, seine Feinde zu Fall zu bringen, indem man auf Kumpel macht, es aber gar nicht so meint.«

»Zuallererst denke ich, dass Gott gnädig ist. Manche Mittel heiligt der Zweck. Der Friede unter den Menschen ist ein kostbares Gut.«

»Friede!«, grollte er. »Die sollten uns in Frieden lassen, diese Kanaken!«

»Wenn der Karneval Kanaken zu Kumpeln macht, ist das doch kein schlechter Zug«, versuchte ich ihn zu beruhigen.

»Der Zug!« Abels Käl heulte auf. »Die Karawane zieht weiter!«

Ich reichte ihm ein Päckchen Papiertaschentücher durch das Gitter und wartete ab.

»Ihr habt euch also gemeinsam besoffen«, erinnerte ich, als er austrompetet hatte.

»Die vertragen ja nix, diese Dönerfresser!«, grunzte Käl.

»Am Ende ging es also wieder drüber und drunter«, konstatierte ich.

Da war es mit seiner Fassung vollends vorbei.

»Drunter!«, schluchzte er. »Unter dem Prunkwagen!«

Den Rest konnte ich ihm nur noch zwischen heftigem Schnäuzen aus der Nase ziehen.

Als der Höhepunkt des Rosenmontagszugs, die Prunkwagen von Bauer, Jungfrau und Prinz, sich näherten, hatten die vier Kiezgrößen nebeneinander in der ersten Reihe gestanden. Die Kapelle intonierte »Eimol Prinz zo sin«, und Abels Käl und Dummse Detlef sangen aus vollem Herzen mit: »Dovun han ich schon als kleine Fätz jedräump!«

Bünyamin Bayram und Nurdin Asili aber grölten dagegen an, insistierten, ihre geleerten Kölschgläser schwenkend, auf dem Ohrwurm des letzten Musikkorps: »Die Karawane zieht weiter, d'r Sultan hätt Doosch!«

Was das lautstarke Besingen dieser konkurrierenden Herrschaftsformen – orientalischer Sultan versus Kölscher Prinz – in den Herzen der abgehalfterten Milieugrößen anrichtete, die ihrem Kindheitstraum huldigten, dem heiligen Ziel, das jeder Kölsche quasi mit der Muttermilch aufsaugt und dessen Aussichtslosigkeit beiden in dem Moment sicherlich in aller Klarheit vor Augen stand, die wussten, dass der Zug für sie abgefahren war, dass sie niemals mehr Prinzen, gar Könige von Köln würden, das kann wohl nur jemand nachvollziehen, der die Kölsche Mentalität entweder internalisiert oder gründlich studiert hat.

Beim Schunkeln haken Jecken aller Couleur sich entweder mit den Ellenbogen ein oder umschlingen einander an Hüften oder Schultern und bilden so eine je nach Alkoholpegel mehr oder eben weniger stabile Menschenreihe, in der das Gleichgewicht jedes Mitglieds der Kette an dem der anderen hängt. Bünyamin und Nurdin bildeten in dem Moment, von dem die Rede ist, die stark schwankenden Außenglieder des Quartetts, in ihrer Balance zusätzlich gefährdet durch die Tatsache, dass sie mit beiden Armen weit ausholend die Kölschstangen schwenkten. Abels Käls und Dummse Detlefs bierselig umflorte Blicke trafen sich. »Die Karawane zieht weiter!«, grölten ihre Konkurrenten und bcharrten: »D'r Sultan hätt Doosch!«

Die Karawane *zog* weiter.

Der Prunkwagen Seiner Tollität, imposante fünf Meter hoch, wird begleitet von der rot-weißen Prinzengarde und umkreist von Wagenengeln, die die Menschenmassen wegdrängen, damit niemand unter die Räder gerät. Ein stressiger Job, den die jubelnden Jecken, die dem Prinzen so nahe als irgend möglich sein wollen, nicht sonderlich honorieren. Da wird gedrängelt, gerangelt und geschubst. Käl und Dummse nutzten den Hackentrick: Kurz den Körperschwerpunkt absenken und blitzschnell mit dem Innenbein rücklings überkreuz das Außenbein ihres Nachbarn ausheben. Ungesehen. *Was* alle sahen: Zwei besoffene bullige Männer mit Migrationshintergrund, die im Gedränge das Gleichgewicht verloren, vor die riesigen Räder des Prinzenwagens stürzten, überrollt wurden und deren sterbliche

Überreste den dem Prunkwagen unmittelbar folgenden Mitarbeitern der Abfallwirtschaftsbetriebe Köln GmbH vor die Füße kullerten.

Dummse Detlef und Abels Käl waren im Karnevalstrubel untergetaucht und hatten sich eilig getrennt. Abels Käl fand spät in der Nacht bei einer seiner ehemaligen Mitarbeiterinnen Obdach. Bei aller Anhänglichkeit setzte diese ihn am nächsten Morgen in aller Herrgottsfrühe wieder vor die Tür, gerade rechtzeitig, bevor ein türkisch-marokkanisches Rollkommando ihre Wohnung auseinandernahm. Ihr Exzuhälter suchte Zuflucht in St. Maria in der Kupfergasse in meinem Beichtstuhl.

»Käl«, sagte ich, als er seine Geschichte zu Ende erzählt hatte. »Bereust du, was du getan hast?«

»Ich bereue«, bestätigte Abels Käl.

»Na, jot.« Ich beschloss die Beichte mit dem Kölschen Grundgesetz. »Et es, wie et es. Watt fott es, es fott. Wat wellste maache?«

»Et kütt, wie et kütt«, sagte Käl ergeben. »Amen.«

»Jot, Jong.« Ich rappelte mich auf. »Ich rufe jetzt die Polizei!«

Kaum hatte ich die Tür der Kirche hinter mir geschlossen, wurde sie wieder aufgerissen. »Bliev, wo do bess, do Jeck!«, schrie ich, als Abels Käl sich an mir vorbeidrängte.

Zu spät.

Ein Mann im Cowboykostüm, der auf der gegenüberliegenden Straßenseite an eine Laterne gelehnt gestanden und mit seinen Revolvern gespielt hatte, richtete diese blitzschnell auf den Fliehenden. Eine Salve Schüsse bellte. Käl stoppte abrupt, drehte sich filmreif einmal um die eigene Achse und schlug der Länge nach hin. Als ich mich umsah, war der Cowboy verschwunden.

Dummse Detlef hatten sie bereits in der Nacht hingerichtet. Das Kölsche Milieu existierte nicht mehr. »Nix bliev, wie et wor«, heißt es im Paragrafen fünf der Sammlung unverbrüchlicher Kölscher Weisheiten.

In einem einzigen Punkt muss ich widersprechen: »Et hätt *nit* immer jotjejange.«

Elmar Tannert

Vermisst in Pilsen
Krimi in 21 Bierdeckelepisoden

Wenn mir eine Frau am Telefon erzählt, dass ihr Mann spurlos in Tschechien verschwunden ist, dann denk ich mir erstens, dass das Liebesglück schon längst dahin ist, und zweitens, dass man nichts anderes mehr tun kann, als einen Leichenfund im Grenzgebiet abzuwarten. Sagte ich natürlich nicht. Eine Stunde später saß Sarah Stern mir gegenüber, und ich nahm den Auftrag an – obwohl ich mir nicht sicher war, ob ich ihren Mann wirklich aufspüren wollte, als ich in ihre Meeresaugen sah.

Abgesehen davon – es gibt nichts Heikleres als Vermisstenfälle. Nicht nur einmal in meiner Laufbahn habe ich Menschen aufgespürt, für die es besser war, nicht aufgespürt zu werden. Zuletzt eine Afghanin, die von ihrer Familie gesucht wurde. Ich fand die vermeintlich Entführte in Dijon, liiert mit einem Studenten, und sie war verliebt und glücklich. Ihr Vater, das wusste ich, hätte dem Glück ein Ende gemacht, und ich wollte mir nicht ausmalen, wie.

Was aber konnte an diesem Fall faul sein? Hatte der Vermisste sie sitzen lassen, und sie wollte ihn finden, um sich zu rächen? Gehörte sie zu einer kriminellen Bande, gegen die er ausgesagt hatte? Ich bat sie um die nötigen Dokumente, Ausweis, Heiratsurkunde. Die Ehe war noch nicht ein Jahr alt. Verlässt man nach so kurzer Zeit seine Frau? Eine Frau, deren Augen Antworten auf ungestellte Fragen verheißen?

»Wann und wo wurde er zuletzt gesehen?« – »Am vergangenen Wochenende in Pilsen. Er war dort mit drei Freunden unterwegs.« Ich ließ mir die Namen und Adressen geben, auch wenn Sarah Stern einwandte, sie halte es für sinnlos, mit ihnen zu reden. »Zuletzt haben sie ihn in einer Kneipe gesehen. Den Namen wissen sie angeblich nicht mehr. Mehr war aus ihnen nicht herauszubringen. Fahren Sie besser so schnell wie möglich nach Pilsen.«

Noch am selben Abend traf ich mit den drei Freunden von Daniel Stern zusammen. Eigentlich hätte ihr Wochenendtrip ein Kulturausflug werden sollen, versicherten sie mir, der sich jedoch schon ab Samstagmittag, nach dem Besuch des Brauereimuseums, in einen Bierausflug verwandelt habe. Schuld daran sei der Biergutschein gewesen, den man an der Kasse überreicht bekomme, einzulösen im benachbarten Lokal *Šenk Na Parkánu.* »Wir konnten einfach nicht widerstehen – schon gar nicht bei der Hitze!«

Die Hitzewelle, die am vergangenen Wochenende hereingebrochen war, habe ihnen jegliche Kraft für weitere Unternehmungen geraubt. »Über dreißig Grad im Schatten! Da waren wir zu nichts anderem mehr fähig, als uns von Lokal zu Lokal zu schleppen und uns in jedem Lokal wieder was zu trinken zu bestellen. Bier natürlich, was sonst? Außer *pivo* können wir ja kein Wort Tschechisch.« Ob sie sich noch an die Namen der besuchten Lokale erinnern könnten, fragte ich und erntete Gelächter.

»Die Anzahl der Biere«, sagte der Wortführer der drei, der sich zugleich als Daniels besten Freund bezeichnete, »konnten wir am Sonntagmorgen ungefähr rekonstruieren.

So um die zwanzig hatte jeder. Aber die meisten Lokalnamen dort kann man sich ja nicht einmal nüchtern merken! Sicher ist nur eins: Geendet hat der Abend gegen halb drei im *Sally Brown*.« – »War Ihr verschollener Freund da noch dabei?«, fragte ich. – »Ja ... äh, nein, also ... doch, zuerst schon.« Es folgte betretenes Schweigen.

Ich bohrte nach. Fragte, ob Daniel Stern irgendeinen Grund dafür haben könnte, sich ins Ausland abzusetzen. Ob seine Ehe in der Krise sei. Die Antworten kamen zögerlich. »Kann man so nicht sagen.« – »Sarah war nur ein wenig zu ... sagen wir ...« – »... besitzergreifend.« – »Daniel ist seit der Hochzeit nicht mehr mit uns Bier trinken gegangen. Da haben wir beschlossen, ihn zu seinem Glück zu zwingen. Am Freitag haben wir ihn nach der Arbeit ins Auto verfrachtet und sind nach Pilsen gefahren.«

»Und? Was genau ist in Pilsen geschehen?« Blicke irrten hin und her. »Sollen wir's dem Detektiv sagen?« – »Aber bloß kein Wort zu seiner Frau!« Ich versprach es. »Daniel hat sich in Pilsen wohl bis über beide Ohren verliebt. Nach dem ersten Bier im *Sally Brown* ist er aufgestanden und hat gesagt, er muss unbedingt zurück ...« – »Zurück? Wohin?« – »... zu Karolina ...« – »Karolina? Hat er die an dem Abend kennengelernt?« – »Das ist ja das Komische. Keiner von uns kann sich an diese Frau erinnern.«

Am nächsten Tag buchte ich ein Zimmer im selben Hotel, in dem die vier Freunde Quartier bezogen hatten, im *Slovan*. Dann besorgte ich mir Sprach- und Reiseführer und brach um die Mittagszeit nach Pilsen auf. In meiner Fantasie hatte ich Sarah auf dem Beifahrersitz und war mit ihr auf dem

Weg nach Frankreich. Wir fuhren durch die Bourgogne und picknickten mit Wein, Brot und Käse in einem lauschigen Flusstal. Wie konnte man sich in eine andere verlieben, wenn man eine Frau wie Sarah hatte?

Über Pilsen ging ein Gewitter nieder. Ich parkte den Wagen im schäbigen Innenhof des Jugendstilhotels und betrat durch den Hintereingang ein prachtvolles Foyer. »Wie lange werden Sie bleiben?«, fragte die Rezeptionistin, die sich keine Mühe gab, Charme zu versprühen. »So lange, bis ich meinen Freund gefunden habe«, erwiderte ich und schob ihr das Foto von Daniel Stern zu. »Er war in Ihrem Hotel. Können Sie sich an ihn erinnern?« – »Ich weiß. Ist verschwunden und haben wir im Hotel nicht mehr gesehen.«

Ich fragte sie nach einem Tipp, wo ich mit der Suche beginnen könnte. »Weiß ich nicht. Bis heute nur einmal ist in Pilsen jemand verschwunden.« – »Und wo?« – »In riesige Keller von Pilsner Urquell, wo sich Fässer lagern. Japanischer Tourist hat sich verirrt und haben sie erst drei Tage später gefunden. Erfroren und verdurstet.« Ich ließ mir die Brauerei auf dem Stadtplan zeigen. »Ist schöner Spaziergang durch Altstadt. Brauchen Sie nur fünfzehn Minuten.«

Es war zwar nicht der Ort, an dem Daniel Stern verschwunden war, aber dort gewesen waren die vier bestimmt. Die Sonne zeigte sich wieder, und die Altstadt erglänzte frisch gewaschen. Auf dem Stadtplan sah sie übersichtlich aus: Ein Quadrat von je sechshundert Meter Seitenlänge, von insgesamt neun Straßen rechtwinklig durchzogen, mit einem rechteckigen Platz in der Mitte, dem Náměstí Republiky. Doch auf dieser überschaubaren Fläche wimmelte es von zahllosen Kneipen, Clubs, Cafés und Kaschemmen.

Im Foyer von Pilsner Urquell ein Gewimmel von Besuchern. Eine Gruppe Engländer starrte ratlos auf die riesige Weltkarte an der Wand. »Very sorry, there's no Great Britain on our map«, sagte eines der adretten Mädchen, die die Führungen leiteten. Von einer Ahnung getrieben, ging ich zu einer der Kassen. »Englisch, Deutsch, Russki?«, fragte mich die Blonde. »Deutsch«, sagte ich. »Aber ich bin nicht wegen einer Führung hier. Sie haben nicht zufällig eine Kollegin namens Karolina?«

Karolina hatte frei. Ich hinterlegte meine Karte. »Sie soll mich kontaktieren. Es geht um eine vermisste Person.« Dann ging ich in die Innenstadt zurück und begann meine erste Tour. Die Hitzewelle nahm einen zweiten Anlauf. Mit jedem Grad Celsius schienen die Minirocksäume der Studentinnen höher zu wandern. Doch mit jedem Mal, da ich Daniel Sterns Foto an einem Tresen vorlegte, wurde das Bild von Sarah in mir lebendiger. Was hatte mich nur in ihren Bann gezogen, fragte ich mich.

In einem Lokal namens *U malické brány* gönnte ich mir das erste Bier des Tages und dachte nach. Warum wollte sie den Mann, der, wie es aussah, vor ihr in die Arme einer anderen geflohen war, unbedingt wiederfinden? War nicht eigentlich das der Fall, den ich aufklären musste? Das unfiltrierte Pilsner Urquell schmeckte nach mehr, und ich sagte nicht Nein, als mir im nächsten Lokal, in dem ich das Foto zeigte, ungefragt ein Bier hingestellt wurde.

Gegen Mitternacht hatte ich etwa ein Drittel der Altstadt durchkämmt. Genug für heute. Auf dem Rückweg zum *Slovan* bat mich in der Smetanastraße eine junge Zigeunerin um Geld. »Wenn Sie aus der Hand lesen können?«, sagte ich und streckte ihr meine Handfläche entgegen, in der das Foto des Vermissten lag. »Ja«, sagte sie, »habe ich vor paar Tagen gesehen. Dorthin ist gegangen.« Sie wies über das *Slovan* hinaus in die Vorstadt. »Wohin genau?« – Sie lächelte. »Zu Karolina.«

»Sie kennen Karolina?« Ich starrte die Zahnruinen an, die ihr Lächeln preisgab. »Bitte«, sagte sie. »Nur hundert Kronen. Kleines Kind zu Hause. Kein Geld für Essen und Trinken.« Ich gab ihr zweihundert. »Wo ist Karolina?« – »Gehen Sie in diese Richtung, und Sie finden. Dort ist gegangen Mann von Foto und hat gefunden.« – »Woher wissen Sie?« – »Ist nicht mehr gekommen zurück.«

Ich verließ die Altstadt in südlicher Richtung und irrte durch stille Nebenstraßen. Warum ich den Mann unbedingt finden wollte, konnte ich nicht mehr vor mir verheimlichen. Nicht nach all den Bieren, die ich getrunken hatte, in einer Stadt, die noch immer wie ein Ofen glühte. Über einer Tür leuchtete ein Schild. *U kance* hieß das Lokal, was auch immer das bedeuten mochte. Neben der Tür hing in einer Vitrine ein Plakat mit dem Bierangebot, geordnet nach Stammwürzegraden.

»Fantom 10°«, las ich. »Bubák 11° ... Houwárek 12° ...« Hier wartete eine Welt jenseits von Urquell. »Sukuba 13 ½° ...« Das Bild darunter traf mich mit Wucht: eine nackte rote Teufelin, die sich verlockend rekelte und mich aus grünen

Augen ansah. Ich riss die Tür auf, stolperte die Treppe hinab und bestellte mir ein Glas von diesem Teufelsweib. Dann fragte ich den Schnauzbart hinterm Tresen, fremd fühlten sich die Worte an, denn plötzlich sprach ich Tschechisch: »Wo wird Karolina ausgeschenkt?« – »Beim *Bison*, gleich um die Ecke.«

»Ich wusste, dass Sie kommen würden«, lallte er. »Sie war jedes Mal stärker. Dieses Mal nicht ... ich habe Karolina gefunden ...« Stärker war ich. Schleifte ihn zur Toilette, rammte seine Stirn gegen den Wasserhahn, tauchte seinen Kopf in der Kloschüssel unter. Dann verließ ich das Lokal, legte zehntausend Kronen auf den Tresen und sagte: »Für die Putzfrau. Die hat heute mehr zu tun als sonst.« Lief zum Hotel, schnappte mir meinen Wagen und fuhr zurück zu den grünen Meeresaugen. Mann ergibt sich gern.

Die Autorinnen und Autoren

Lucas Bahl (Pseudonym von Achim Schnurrer, *1951) ist seit 1979 als Journalist, Ausstellungsmacher und freier Schriftsteller tätig. Zuletzt wurde 2014 *Drei Kurze plus Zugabe* publiziert. Bei ars vivendi erschienen die Kriminalromane *Wenn der Berg ruft* (2007) und *Abseits!* (2008). Arbeiten für Hörfunk und Fernsehen *(BR, WDR, ZDF)*. 1984–1998: Initiator und Mitorganisator des Internationalen Comic-Salons, Erlangen. 1985–2000: Zunächst Chefredakteur, später auch Verleger und Herausgeber von U-Comix und Schwermetall. Seit 2002: Executive Producer bei Eins A Medien. Seit 2006: Essay-Serie über die Klassiker der phantastischen Literatur in der Zeitschrift *phantastisch!*. Seit 2012 Arbeit an verschiedenen Dr Crime-Projekten. www.dr-crime.de, www.luc-bahl.de

Jan Beinßen, 1965 in Stadthagen geboren, arbeitet als Journalist und Autor in Nürnberg, wo er auch mit seiner Familie lebt. 1997 erschien sein Debütroman *Zwei Frauen gegen die Zeit*. Nach weiteren Publikationen eröffnete 2005 *Dürers Mätresse* bei ars vivendi die erfolgreiche Krimireihe um den Nürnberger Fotografen Paul Flemming. Es folgten 2006 *Sieben Zentimeter*, 2007 *Hausers Bruder*, 2008 *Die Meisterdiebe von Nürnberg*, 2009 *Herz aus Stahl*, 2010 *Das Phantom im Opernhaus*, 2012 *Die Paten vom Knoblauchsland*, 2013 *Lokalderby*, 2014 *Die Schäufele-Verschwörung* und 2015 *Sechs auf Kraut*. Außerdem bei ars vivendi erschienen: der »KrimiSnack« *Die Tote im Volksbad* (2013) sowie der Kriminalroman *Görings Plan* (2014) und die Kurzgeschichtensammlung *Die toten Augen von Nürnberg* (2014). www.janbeinssen.de

Veit Bronnenmeyer, 1973 in Kulmbach geboren und in Lauf aufgewachsen, absolvierte eine Ausbildung zum Schreiner und studierte Soziale Arbeit in Bamberg. Derzeit ist er als Projektmanager im Schul- und Bildungsreferat der Stadt Fürth tätig und schreibt regelmäßig für die Fürther Freiheit, eine literarische Rubrik der Fürther Nachrichten. 2009 erhielt der Autor den Agatha-Christie-Krimipreis für seinen Kurzkrimi »Eigenbemühungen«. Beim ars vivendi verlag erschienen bisher seine Kriminalromane *Russische Seelen* (2005), *Zerfall* (2007), *Stadtgrenze* (2009) und *Gesünder sterben* (2012) mit dem Ermittlerduo Albach und Müller. www.veit-bronnenmeyer.de

Angela Eßer wurde in Krefeld geboren, studierte Theaterwissenschaft und war am Theater tätig. Sie ist Organisatorin von Krimifestivals, Autorin diverser Kurzkrimis (u. a. in Leiche sucht Autor), Moderatorin sowie Herausgeberin von Krimianthologien. Mit ihrer Kurzgeschichte »6 Uhr 23 – Guten Morgen, München« war sie für den renommierten Friedrich-Glauser-Preis nominiert. Angela Eßer ist Mitglied im SYNDIKAT, für das sie auch sieben Jahre als Sprecherin fungierte. 2012 war sie Herausgeberin der kulinarischen Krimianthologie *Mordsappetit*. Zudem gab sie die Krimianthologien *Tatort Oberbayern* (2015) und *Tatort Schwaben* (2016) heraus. 2015 erschien ihre Menüthek *Krimi – Ein perfekter Themenabend*. www.angelaesser.de

Peter Freudenberger wurde 1960 in Aschaffenburg geboren, wo er heute auch lebt. 1988 wurde er Redaktionsleiter bei der Tageszeitung *Main-Echo* in der Außenstelle Miltenberg, 1997 Redaktionsleiter in Aschaffenburg. Seit dem Jahr 2007 ist er dort als leitender Redakteur beschäftigt. Sein erster Kriminalroman *Stiller und die Tote im Bus* erschien 2008, gefolgt von *Stiller und die Finsternis* (2009), *Stiller und der Gartenzwerg* (2012) sowie *Stiller und die unsichtbare Meute* (2014).

Tommie Goerz (Dr. Marius Kliesch, geb. 1954) hat Soziologie, Philosophie und Politische Wissenschaften studiert, wohnt in Erlangen, ist verheiratet und Vater zweier Kinder. Nach 20 Jahren bei einem der größten Agenturnetzwerke der Welt war er Dozent für Text und Konzeption an der Georg-Simon-Ohm-Universität Nürnberg. Heute lehrt er an der Faber-Castell-Akademie in Stein und ist bei den hl-studios Tennenlohe. Er gewann unter anderem den Bronzenen Löwen in Cannes (2007), ist Mitglied im Syndikat und spielt in der Band *Hans, Hans, Hans und Hans* kriminelle Lieder. Bei *ars vivendi* erschienen seine Kriminalromane *Schafkopf* (2010), *Dunkles* und *Leergut* (beide 2011) sowie *Auszeit* (2012), *Einkehr* (2014) und *Schlachttag* (2016) sowie die Kurzkrimisammlung *Der Tod kommt schnell* (2015). www.tommie-goerz.de

Thomas Kastura, geboren 1966, lebt mit seiner Frau und seinen beiden Töchtern in Bamberg, studierte Germanistik und Geschichte und arbeitet als Autor für den *Bayerischen Rundfunk*. Seit 1998 veröffentlichte er zahlreiche Erzählungen, Jugendbücher und Kriminalromane. Thomas Kastura ist außerdem Herausgeber der Krimianthologien *Tatort Garten* und *To die, or not to die* (beide bei *ars vivendi*). Im Herbst 2012 erschien im *ars vivendi verlag* der Sammelband *Drei Morde zu wenig* mit seinen Brandeisen & Küps-Geschichten, 2015 folgte *Fünf Leichen zu viel*. www.thomaskastura.de

Lotte Kinskofer, 1959 in der Nähe von Regensburg geboren, studierte Germanistik, Anglistik sowie Kommunikationswissenschaften und promovierte über Clemens Brentano. Nachdem sie zunächst für verschiedene Tageszeitungen und den *Bayerischen Rundfunk* arbeitete, ist sie heute als freie Autorin in München tätig. Sie veröffentlichte zahlreiche Sachbücher, Romane und Kinderbücher. Darüber hinaus schreibt sie auch immer wieder Drehbücher fürs Fernsehen.

2014 feierte sie bei ars vivendi einen großen Erfolg mit dem Krimi-Adventskalender *Apfel, Zimt und Todeshauch*. 2015 folgte der Kinderkrimi-Adventskalender *Schöne Bescherung*.

Petra Nacke stammt aus Norddeutschland. Sie studierte Theater- und Literaturwissenschaft in Erlangen. In München absolvierte sie eine Ausbildung in Schauspiel, Gesang und Tanz. Heute lebt sie als freie Autorin, Sprecherin und Sängerin in Nürnberg. Seit 1997 ist sie feste freie Mitarbeiterin des *Bayerischen Rundfunks*. Gemeinsam mit Elmar Tannert veröffentlichte sie bei ars vivendi 2008 *Rache, Engel!*, 2010 *Blaulicht* sowie 2012 *Der Mittagsmörder*. 2013 erschien die von ihr herausgegebene Anthologie *Leiche sucht Autor*.

Killen McNeill stammt aus Nordirland und wurde 1953 in Kilrea geboren. Er studierte Germanistik, war in den Jahren 1973/74 Austauschstudent in Erlangen und zog 1975 nach Franken. Seit 1976 arbeitet er als Fachlehrer für Englisch an der Haupt- bzw. Mittelschule Scheinfeld. Er ist verheiratet und lebt in Unterlaimbach. Er schreibt Romane und tritt im fränkischen Kabaretttrio *McNeills & Winkler* sowie in der fränkischen Band *Nauswärts* auf. Sein Kurzkrimi *Pfarrers Kinder, Müllers Vieh* wurde 2012 als Siegergeschichte der

Jury im Wettbewerb um den 1. Fränkischen Krimipreis ausgezeichnet. 2013 erschien bei *ars vivendi* sein Roman *Am Schattenufer*, 2015 folgte *Am Strom*.

Alexander Pfeiffer, 1971 in Wiesbaden geboren, studierte Germanistik bzw. Komparatistik in Mainz. 2014 erhielt er den Friedrich-Glauser-Preis in der Sparte Kurzkrimi für seine Geschichte »Auf deine Lider senk ich Schlummer«. Zuletzt erschien sein Kriminalroman Das Ende vom Lied (2008). www.alexanderpfeiffer.de

Horst Prosch, 1964 in Neuendettelsau im Landkreis Ansbach geboren, lebt mit seiner Familie in Wolframs-Eschenbach. Er arbeitet als Bilanzbuchhalter, ist Mitglied im Kulturverein Speckdrumm e. V. (Beirat für Literatur) und Initiator und Leiter der Reihen »Erlesene Genüsse« im Kunsthaus Reitbahn 3, Ansbach, sowie »Literatur in alten Mauern« in Wolframs-Eschenbach. Auch für Lesungen ist er bekannt, etwa für Themenlesungen wie »Literatur und Schokolade«. Bei *ars vivendi* erschien 2008 eine Erzählung von ihm in *Smoke – Geschichten vom blauen Dunst*. 2014 folgte sein Kriminalroman *Blaue Bäume*. Für *Süß klangen die Glocken nie* aus der Anthologie *RauschGiftEngel* wurde er für den Friedrich-Glauser-Preis 2015 in der Sparte »Bester Kurzkrimi« nominiert. 2015 erschien sein Kriminalroman *Frankenruh*. www.horst-prosch.de

Regina Schleheck, 1959 in Wuppertal geboren, wuchs in Köln auf und studierte Germanistik, Sozialwissenschaften und Sport in Aachen. 2013 erhielt sie den Friedrich-Glauser-Preis in der Sparte Kurzkrimi für ihre Geschichte »Hackfleisch«. Sie veröffentlichte ein Vielzahl von Kurzgeschichten, zuletzt erschien ihre Kurzgeschichtensammlung *Klappe zu – Balg tot* (2015).

Elmar Tannert, 1964 in München geboren, absolvierte ein Studium der Musikwissenschaft und Romanistik. Von 1991 bis 2003 war er in verschiedenen Berufen tätig, beispielsweise als Datentypist, Zeitungsverkäufer, Postbote und Tankwart. Ab 1994 erfolgten erste Veröffentlichungen seiner Kurzgeschichten. Seit 2003 arbeitet er als freier Schriftsteller sowie unter anderem beim *Bayerischen Rundfunk* und der *Abendzeitung Nürnberg*. 1999 erhielt er den Kulturförderpreis der Stadt Nürnberg wie auch des Freistaats Bayern und 2001 den Kulturförderpreis des Bezirks Mittelfranken. Bei *ars vivendi* erschienen von ihm *Der Stadtvermesser* (1998), *Keine Nacht, kein Ort* (2002), *Ausgeliefert* (2005) und die gemeinsam mit Petra Nacke verfassten Romane *Rache, Engel!* (2008), *Blaulicht* (2010) sowie *Der Mittagsmörder* (2012). 2014 veröffentlichte er gemeinsam mit Martin Droschke und Anders Möhl den Freizeitführer Bierland Pilsen. www.elmar-tannert.de

Mörderisch hungrig?

Angela Eßer (Hrsg.)
Mordsappetit
Kulinarische Krimis aus Bayern
Klappenbroschur, 272 Seiten
ISBN 978-3-86913-174-0

Von wegen weiß-blaues Postkartenidyll! Bayern hat auch ganz andere Seiten zu bieten: Kriminell gute Autorinnen und Autoren ziehen eine Blutspur durch das ganze Bundesland von den Alpen über Augsburg und Nürnberg bis nach Bamberg – mit ihren Geschichten rund um gefährliche Köstlichkeiten und mörderisch delikate Schmankerln. Kulinarische Dreingabe zu jedem Kurzkrimi: das passende Rezept! Mordslust auf Hopfenspargelragout, Brezenguglhupf oder Weißwurst Italiano?

Mit Beiträgen von Friedrich Ani · Willy Astor · Angela Eßer · Werner Gerl · Michael Gerwien · Bernhard Jaumann · Thomas Kastura · Lotte Kinskofer · Tessa Korber · Barbara Ludwig · Andreas Mäckler · Beate Maxian · Marc Ritter · Irene Rodrian · Frank Schmitter · Leonhard Michael Seidl

Nur der Gartenzwerg war Zeuge ...

Thomas Kastura (Hrsg.)
Tatort Garten
14 packende Kriminalgeschichten
Klappenbroschur, 217 Seiten
ISBN 978-3-86913-110-8

In üppigen Vorgärten, biederen Kleingartensiedlungen und grünen Großstadtoasen schleicht das Verbrechen auf leisen Sohlen durch die Rabatten. Hier wird vornehmlich sanft gemordet, mit Hilfe von Tollkirsche, Eisenhut oder Wasserschierling. In drastischen Fällen allerdings müssen Spaten und Heckenschere schon mal herhalten. Fünfzehn Krimiautoren aus Deutschland und Österreich haben ihre Fantasie kräftig zum Blühen gebracht und sich tief hineingegraben in die Abgründe der menschlichen Seele. Und so endet ein gnadenloser Blumenwettbewerb im Zinksarg, in einem idyllischen Rosengarten liegen zahlreiche Leichen verbuddelt, und die harmlose Chiliplantage wird zum Schauplatz schlimmster Albträume. Grünes Grauen pur.

Mit Beiträgen von: Angela Eßer · Heidi Friedrich und Arnd Rühlmann · Nina George · Tommie Goerz · Thomas Kastura · Tessa Korber · Dirk Kruse · Tatjana Kruse · Beate Maxian · Sabina Naber · Petra Nacke · Friederike Schmöe · Elmar Tannert · Helmut Vorndran

1 Toter, 12 Autoren, 12 Storys

Petra Nacke (Hrsg.)
Leiche sucht Autor
12 Kriminalgeschichten
Klappenbroschur, 223 Seiten
ISBN 978-3-86913-275-4

In einer verlassenen Fabriketage hängt die Leiche eines international bekannten Künstlers von der Decke. Auf dem Tisch steht ein Laptop, davor eine Videokamera. Ansonsten ist der Raum so gut wie leer. Die Polizei wurde von einem anonymen Anrufer alarmiert. Bis die Einsatzkräfte jedoch vor Ort sind, vergehen Tage – ein Umstand, der deshalb noch schwerer wiegt, weil der Tote ein Schild mit der Ziffer »1« um den Hals trägt.

Ausgehend von diesem rätselhaften Szenario lassen zwölf renommierte und preisgekrönte Krimiautoren ihrer Kreativität freien Lauf und spinnen die Geschichte individuell weiter. Eine raffinierte, hoch spannende und oft humorvolle Hommage an die Kraft der Fantasie.

Mit Beiträgen von Friedrich Ani · Veit Bronnenmeyer · Angela Eßer · Nina George · Norbert Horst · Thomas Kastura · Stefan Kiesbye · Christian Klier · Tessa Korber · Petra Nacke · Jörg Steinleitner · Elmar Tannert